Richard Rohr
Patrick Boland

Das Heilige in allen Dingen

Dem universalen Christus begegnen

40 Übungen

Aus dem amerikanischen Englisch von Bernardin Schellenberger

Für Pater Frank und Danny, die beiden liebenswürdigen Väter, die mich darin unterwiesen haben, in allem Gott zu sehen.

Und für Jess, deren bloße Gegenwart es mir erlaubt, jeden Tag die Liebe zu erleben.

INHALT

Einführung
(von Richard Rohr)

Eine Redewendung besagt: »Wenn du möchtest, dass etwas getan wird, bitte einen fleißigen Menschen darum.« Ich möchte dem noch hinzufügen: Wenn du möchtest, dass etwas *wirklich gut* getan wird, bitte einen Menschen, der fleißig ist, der die ihm anvertraute Aufgabe liebt und der dem, der ihm die Aufgabe überträgt, vertraut.

Patrick Boland vereint diese drei Eigenschaften: Er ist ein vielbeschäftigter Mann, zugleich liebevoll und vertrauenswürdig und – das ist vermutlich die beste Weise, meine Verbindung mit ihm auszudrücken – er erscheint mir wie ein geistlicher Sohn. Er ist einer, der mich wirklich verstanden hat!

Es muss göttliche Vorsehung im Spiel gewesen sein, dass unsere Mitarbeiterinnen und Mitarbeiter in New Mexico Patrick, der im weit entfernten Irland lebt, entdeckt und ihn vor einigen Jahren zu einem Besuch und einem Vorstellungsgespräch zu uns eingeladen haben. Als er dann hier war, stellte sich heraus, dass er uns auf vielfältige Weise würde unterstützen können. Und dazu kommt, dass er, auch wenn ich das nur ungern einräume, bei den Jesuiten eine gute theologische Ausbildung erhalten hat, die es ihm ermöglicht, sich auf kompetente Weise kritisch mit meinen franziskanischen Ideen auseinanderzusetzen.

Als ich Patrick zum ersten Mal begegnete, unterhielten wir uns mehrere Stunden lang über unsere Interessen und Überzeugungen. Wir spielten uns gegenseitig die Bälle zu und ich dachte: *Wer ist dieser junge Mann, der die Botschaft so ganz natürlich wahrnimmt? Wir müssen uns noch länger unterhalten.* Und so reisten wir gemeinsam nach Taos und anschließend zum Pueblo San Felipe, um dort den religiösen Feiern und Tänzen beizuwohnen, die die indianischen Bewohner dieses Dorfes jährlich veranstalten.

Ich erinnere mich, wie wir beide erstarrten, als unter dem donnernden Getöse von Trommeln und Becken Hunderte Tänzer mit ernsten Mienen auf den Platz strömten. Wir sahen unmittelbar eine lebendige Metapher für den Universalen Christus, wie er sich in voller Größe direkt vor unseren Augen entfaltete – die Ausgießung von Gottes Gegenwart in die gesamte Schöpfung hinein. Die barfüßigen Tänzer schienen erkannt zu haben, dass man die Erde direkt und voller Freude – und mit Händen und Füßen – berühren musste. Sie erwiesen Gott in seiner ersten Kathedrale, der Natur auf der Erde und unter dem freien Himmel, ihre Ehre und Liebe. Und das entsprach ziemlich genau dem, was mein barfüßiger Ordensvater Franziskus einst auch getan hatte.

Das ist inkarnatorisches Christentum! Ein Gott nicht für einige wenige, sondern ein Gott für alle – in

Abertausend sichtbaren Formen, immer und immer wieder aufs Neue gefeiert. Nicht einfach ein Gott, der Probleme löst und Sünden vergibt, sondern ein Gott, bei dem die Sünde angesichts seiner Größe unattraktiv wird und klein und mickrig erscheint. Wenn Gott für uns erst einmal *das Einssein ausgießt*, werden wir auf gewisse Weise verlockt, es ihm nachzutun. Man könnte sagen: Es geht um ein Wachstum durch Anziehung statt durch Forderung. Und es geht nicht so sehr darum, dass Christus *in* die Welt kommt, sondern darum, dass er *aus einer Welt*, die bereits durchdrungen ist von seiner Gegenwart, *hervortritt* und erkennbar wird.

Genau diese Wahrnehmung möchten Patrick und ich Ihnen mit diesem Buch ermöglichen. Es geht uns nicht darum, Ihnen erhabene Gedanken vorzutragen. Es geht uns vielmehr darum, Sie dabei zu unterstützen, die Erfahrung einer vom fleischgewordenen Wort erwärmten Erde und Menschheit zu machen. Diese Erfahrung kann man nicht allein auf dem Wege des Nachdenkens erreichen. Man muss jede Zelle des Körpers aktivieren – und spüren, wie diese und die Zellen aller Körper die gleiche göttliche DNA in sich tragen. Wie könnte es anders sein?

Dieses Buch ist voll mit spirituellem Wissen, das nur darauf wartet, bei Ihnen anzukommen – vorausgesetzt,

Sie haben die richtige App dafür, wenn Sie mir erlauben, diese Metapher aus der Welt der Smartphones einmal zu verwenden. Diese App braucht nur zwei Funktionen: Neugier und ein bisschen Liebe.

Dieses Buch enthält Übungen und Anregungen für die spirituelle Praxis. Aber es ist dennoch kein Arbeitsbuch, denn es erfordert so gut wie keine Anstrengung und bedarf auch keiner zermürbenden Konzentration. Es ist ein Buch, das auf ernsthafte, aber sehr einfache Weise *in die christliche Freiheit und Freude* einführen will.

Im Hintergrund steht dabei mein Werk *Alles trägt den einen Namen. Die Wiederentdeckung des universalen Christus*. Und ehrlich gesagt, ist das, was Patrick hier zusammengetragen hat, in vielerlei Hinsicht besser als mein ursprüngliches Buch. Und das sage ich weder aus reiner Demut, noch um ihm zu schmeicheln. Patrick ist von Natur aus ein guter Pädagoge und ein Lehrmeister, der mit beiden Füßen fest auf der Erde steht. Er versteht es, zentrale Begriffe, die in meinem theologischen Denken oft abstrakt bleiben, herauszugreifen und ihnen Konkretheit und lebendige Kraft zu verleihen. So kann das Wissen um den Universalen Christus nicht nur als theologische Theorie gedacht, sondern geerdet und als mit unserer Gegenwart verbunden erlebt werden. Wenn das aber gelingt, geschieht, was im Johannesevangelium so ausgedrückt wird, nämlich, dass wir »Leben haben und es in Fülle haben« (Johannes 10,10).

Richard Rohr
Albuquerque, New Mexico

Wie du dieses Buch benutzen kannst (von Patrick Boland)

Meine erste Begegnung mit dem Werk von Richard Rohr vor über einem Jahrzehnt war eine höchst willkommene Überraschung. Die Klarheit, Demut und tiefe Liebe, die ich in seiner Lehre fand, ermutigten mich, mich inmitten aller Unsicherheiten des Lebens auf die tiefe Schönheit Gottes einzulassen. Richard Rohr im Lauf der letzten Jahre persönlich kennenzulernen, war für mich dann ein ganz besonderes Geschenk. Seine Wärme, Liebe und Präsenz – wie auch sein scharfer Verstand – haben alles übertroffen, was ich je erwartet hatte.

Richard und ich sprechen oft darüber, wie wir vom bloßen intellektuellen Wissen zu einem verkörperten Kennen kommen können; wie wir Ideen nicht nur denken, sondern sie in unserem praktischen Leben erfahren können. Unsere Hoffnung ist, dass wir Gott nicht nur an bestimmten »heiligen Orten« sehen, sondern den Universalen Christus überall im Leben spüren und alles als heilig wahrnehmen können. Von diesen beiden Aspekten – verkörpertes Wissen und inkarnatorisches Sehen –, sind die Übungen dieses Buches inspiriert.

Um möglichst viel Nutzen aus diesem Buch zu ziehen, ist es hilfreich, eine Ausgabe von Richard Rohrs Buch *Alles trägt den einen Namen* zur Hand zu haben. Lies es oder lies es noch einmal, ehe du dich auf die folgenden Übungen einlässt. Oder lies dieses Buch zusammen mit *Alles trägt den einen Namen*. In manchen Kapiteln wirst du aufgefordert, längere Abschnitte aus *Alles trägt den einen Namen* noch einmal zu lesen. Vielleicht möchtest du gelegentlich auch zu einem einzelnen Abschnitt oder einem ganzen Kapitel zurückkehren, um dir den Kontext dessen in Erinnerung zu rufen, was in der jeweiligen Übung in diesem Buch behandelt wird.

Es kann außerdem hilfreich sein, ein Tagebuch zu führen, während du dieses Buch liest. Am Ende der 40 Übungen findest du jeweils eine oder mehrere Anregungen zum Nachdenken. In vielen wirst du eingeladen, deine Gedanken aufzuschreiben und über Schlüsselmomente deines Lebens nachzudenken. Wenn du deine Notizen an einer Stelle zusammengefasst hast, fällt es dir leichter, deine Erfahrungen während der Lektüre dieses Buches nachzuvollziehen.

Die ersten drei Übungen beruhen auf den Anhängen von *Alles trägt den einen Namen*. Sie leiten dich dazu an, über die Entwicklung deines Weltbildes und deines spirituellen Weges nachzudenken. Ich habe diese an den Anfang gestellt, damit du dir der individuellen Sichtweise bewusst wirst, mit der du dieses Buch liest.

Diese einführenden Übungen sind etwas länger als die

folgenden. Ich erzähle darin auch einige Ereignisse aus meinem Leben als Beispiele dafür, wie du über Ereignisse und Erfahrungen nachdenken kannst, die dein Leben geprägt haben.

Falls du eine nicht geheilte Wunde oder ein Trauma in dir trägst, sind einige der in den einzelnen Kapiteln behandelten Themen vielleicht besonders herausfordernd für dich. Ich habe in diese Kapitel einige Anleitungen zur Selbstfürsorge eingefügt, die du lesen solltest, bevor du dich auf die Reflexionsübungen einlässt. Falls du Abneigung oder ein Unbehagen empfindest, dich auf eine Übung einzulassen, möchte ich dich dazu ermutigen, diese einfach zu überspringen und zum nächsten Kapitel überzugehen.

Beim Durchlesen dieses Buchs wirst du feststellen, dass sich eine Übung auf ein zutiefst persönliches oder psychologisches Thema aus dem Werk *Alles trägt den einen Namen* konzentriert, während die nächste sich mit einer großen Idee befasst, die nach deiner Perspektive auf das Leben und den Kosmos insgesamt fragt. Auf diese Weise ständig zwischen persönlichen und universalen Themen hin- und herzupendeln, kann ungewohnt sein. Ich hoffe jedoch, dass dieser Ansatz dich einlädt zu einer kontemplativen Art des Nachdenkens, »die uns ein großes und weites Feld erschließen wird« (Seite 14), ohne dass dein ego-zentrierter Geist die totale Kontrolle hat. Richard Rohr hält dazu fest, es handle sich dabei um eine Möglichkeit, »den Kosmos, in dessen

Innerem [wir] leben, zu erkunden« (Seite 7), indem du aufmerksam auf das Zusammenspiel deiner Erfahrungen, Gedanken, Gefühle und Wahrnehmungen achtest. Dabei wirst du die Möglichkeit haben, auf jeder Stufe der »großen Stufenleiter des Seins« »die Gegenwart zu erkennen« (Seite 74.75).

Patrick Boland
Wicklow, Irland

1. Übung: Die vier Weltbilder

»Dein Weltbild ist nicht das, was du siehst. Es ist vielmehr *der Standpunkt, von dem aus du siehst, oder die Brille, durch die du siehst.*«

(Seite 297)

In den Jahren, die uns prägen und formen, machen wir bestimmte Erfahrungen, die nicht nur beeinflussen, *was* wir um uns herum wahrnehmen, sondern auch die Art und Weise, *wie* wir die Wirklichkeit sehen, prägen. Unsere Eltern, unsere Freundinnen und Freunde, unsere Religionsgemeinschaft und die Gesellschaft, in der wir leben, helfen uns, durch Abgrenzung zu einer Persönlichkeit zu werden, damit wir wachsen, uns entwickeln und unsere Welt als sinnvoll verstehen können. Aber wenn wir im Lauf der Zeit reifer werden und unser Leben auf neue Weisen wahrnehmen, wird unser ursprüngliches Weltbild infrage gestellt. Das kann schmerzlich sein. Und wenn wir uns allzu sehr mit unserer Religionsgemeinschaft und der uns vertrauten Kultur identifizieren, kann es sein, dass wir uns vorkommen, als säßen wir in einer Falle: »Wenn ich die Welt weiterhin durch diese Brille sehe, entwickle ich mich nicht weiter; aber wenn ich mich weiterentwickle, habe ich das Gefühl, ich verliere meine engsten Freunde, meine Kirchengemeinde oder sogar meine Familie für immer.« Dieses Dilemma wahrzunehmen ist nicht ungewöhnlich, wenn unser Weltbild das erste Mal infrage gestellt wird.

Wenn wir anfangen, über Richard Rohrs Buch *Alles trägt den einen Namen* nachzudenken, ist es wichtig, dass wir uns die Zeit nehmen, die Weise, wie wir die Wirklichkeit wahrnehmen, genauer anzuschauen. Neurowissenschaftliche Forschungen zeigen, dass wir schlicht und einfach nicht die Kapazität dazu haben, mit unseren fünf Sinnen und unserem Gehirn alle Informationen aufzunehmen, die uns tagtäglich in jeden Augenblick zur Verfügung stehen.[1] Deswegen reduzieren wir die Menge unsere Wahrnehmungen auf ein Maß, das wir verarbeiten können. Beispielsweise indem wir es vermeiden, darüber nachzudenken, dass manche unserer wirtschaftlichen Aktivitäten unserer Umwelt schaden, oder indem wir pauschal behaupten, dass manche Politiker immer Unrecht haben, was so weit gehen kann, dass wir gar nicht mehr wahrnehmen, wenn sie doch etwas Richtiges sagen.[2] So entstehen festgefügte Bilder der Realität, und wenn diese Bilder innerhalb einer Gruppe geteilt werden, können sich mächtige Weltanschauungen entwickeln.

In *Alles trägt den einen Namen* skizziert Richard Rohr die vier Weltbilder, die unser Leben, unseren Glauben und unsere Spiritualität in je besonderer Weise beeinflussen. Er schreibt dazu: »Alle vier haben etwas Gutes, und keines dieser Weltbilder ist komplett falsch oder komplett richtig, aber eins von ihnen ist bei Weitem das hilfreichste« (Seite 297):

1. »Diejenigen, die am *materialistischen Weltbild* festhalten, glauben, dass das äußere, sichtbare Universum die ultimative und ›reale‹ Welt ist. Anhänger dieses Weltbildes haben uns Naturwissenschaften, Ingenieurskunst, Medizin und vieles von dem ermöglicht,

was wir heutzutage ›Zivilisation‹ nennen. … Ein materialistisches Weltbild produziert Gesellschaften, die in hohem Maß konsum- und konkurrenzorientiert sind, und in denen häufig ein Grundgefühl von Mangel den Ton angibt, weil solch materielle Güter immer begrenzt sind.« (Seite 298)

2. »Das *spirituelle Weltbild* ist für viele Formen von Religion und für einige idealistische Philosophien charakteristisch, die den Primat und die Letztgültigkeit von Geist, Bewusstsein und einer unsichtbaren Welt hinter allen Manifestationen betonen. … Aber wenn es überzogen wird, kann es ätherisch und körperlos werden, normale menschliche Bedürfnisse in den Wind schlagen und die Notwendigkeit einer soliden Psychologie und Anthropologie oder gesellschaftlicher Themen wie Friede und Gerechtigkeit leugnen. Wenn es zu ernst genommen wird, kümmert sich das spirituelle Weltbild wenig um die Erde, die Mitmenschen oder soziale Gerechtigkeit, weil es die diesseitige Welt weitgehend als Illusion abtut.« (Seite 298–299)

3. »Diejenigen, die einem *priesterlichen Weltbild* anhängen, wie ich das gerne nenne, sind in der Regel kultivierte, gebildete und lebenserfahrene Leute, die das Gefühl haben, es sei ihre Aufgabe, uns zu erklären, wie sich Geist und Materie zueinander verhalten. Sie sind Verwalter des Rechts, der heiligen Schriften und der

Rituale; diese Gruppe umfasst Gurus, Geistliche, Therapeuten und fromme Gemeinschaften. Anhänger des priesterlichen Weltbilds helfen uns, hilfreiche Zusammenhänge herzustellen zwischen der materiellen und der spirituellen Welt, die nicht immer offenkundig sind. Aber der Nachteil dieser Sichtweise besteht darin, dass sie die beiden Welten letztlich für grundsätzlich voneinander getrennt sieht. Darum braucht es Menschen, die die beiden Bereiche irgendwie zusammenbinden.« (Seite 299)

4. »Das *inkarnatorische Weltbild* schließlich geht davon aus, dass Materie und Geist niemals getrennt worden sind, und kontrastiert alle drei genannten Auffassungen. Materie und Geist offenbaren und manifestieren sich gegenseitig. *Diese Sicht baut mehr auf Erwachen als auf Mitgliedschaft, mehr auf Sehen als auf Gehorsam, mehr auf Wachstum, Bewusstsein und Liebe als auf Klerus, Expertentum, Moral, Schriften oder Rituale. Das Codewort, das ich in diesem ganzen Buch für dieses Weltbild verwende, ist einfach ›Christus‹.* ... In der christlichen Geschichte finden wir das *inkarnatorische Weltbild* am deutlichsten bei den frühen Kirchenvätern des Ostens, in der keltischen Spiritualität, bei vielen Mystikern, die Gebet und intensives gesellschaftliches Engagement miteinander verbunden haben, bei den Franziskanern ganz allgemein, bei vielen Naturmystikern und in der gegenwärtigen Öko-Spiritualität.« (Seiten 299–300)

Wenn wir uns auf die äußerlichen Veränderungen einlassen, die das Leben im Lauf der Zeit mit sich bringt, müssen wir Raum schaffen für die inneren Veränderungen und ihnen unsere Aufmerksamkeit schenken. Wir lassen einzelne Aspekte eines Weltbildes los und eignen uns Aspekte eines anderen Weltbildes an. So lernen wir langsam, die Spannung auszuhalten, die entsteht, wenn wir zu ein und derselben Zeit unterschiedliche Weltbilder gelten lassen.

ZUM NACHDENKEN

Nimm dir etwas Zeit, um über deine Erfahrungen mit den vier Weltbildern und über die Brillen, mit denen du heute die Wirklichkeit betrachtest, nachzudenken.

1. Nutze dein Tagebuch oder die folgende Seite dazu, die Wörter einzutragen oder mit einem Stift zu umkreisen, die die Aspekte der Weltbilder beschreiben, die bei dir bisher auf Resonanz gestoßen sind.

1. MATERIELL	2. SPIRITUELL
• Das äußerliche, sichtbare Universum ist die endgültige »reale« Welt. • In diesem Weltbild spielen Wissenschaft, Ingenieurskunst, Medizin eine große Rolle. • Ist Konsumenten-orientiert, auf Wettbewerb angelegt.	• Die »reale« Welt ist unser inneres, spirituelles Selbst und die unsichtbare Welt. • In diesem Weltbild spielen Schulen der Psychologie, das esoterische New Age, die Realität der geistigen Welt eine große Rolle. • Kann körperlos sein, leugnet die Notwendigkeit, sich für soziale Gerechtigkeit einzusetzen oder die Erde zu schützen.
3. PRIESTERLICH	**4. INKARNATORISCH**
• Die »reale« Welt sind strukturierte Praktiken und Rituale, die Materie und Geist zusammenbringen. • In diesem Weltbild spielen Gurus, Pfarrer und Pfarrerinnen, heilige Gemeinschaften, Selbsthilfe und organisierte Religion eine große Rolle. • Geht von einer Trennung zwischen Geist und Materie aus.	• Die »reale« Welt verknüpft unser Inneres mit allem Sichtbaren und Unsichtbaren, mit den anderen und mit dem gesamten Kosmos. • In diesem Weltbild spielen Erwachen, Erkenntnis, wachsendes Bewusstsein und Liebe – in viel größerem Maß als Klerus, Experten, Moral, Schriften oder Rituale – eine große Rolle. • Vereinigt alle drei anderen Weltbilder und engagiert sich in allem: von der Öko-Spiritualität bis zum sozialen Einsatz.

2. Die Weltbilder auf einem Zeitstrahl

Trage auf einem Zeitstrahl ein, welche der vier Weltbilder an verschiedenen Punkten deines Lebens den stärksten Widerhall gefunden haben. Der Zeitstrahl beginnt mit deiner ersten Erinnerung und endet in der Gegenwart. Vielleicht empfindest du es als hilfreich, in ein paar Worten zusammenzufassen, was sich in den jeweiligen Phasen in deinem Leben ereignet hat.

PATRICKS ZEITSTRAHL

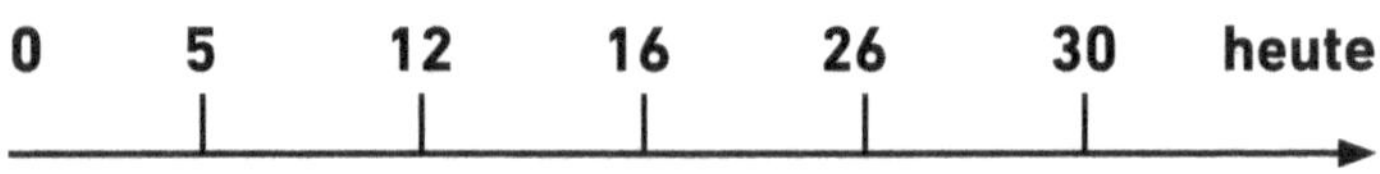

- **0 bis 5 Jahre:** inkarnatorisch – sicher, liebevoll umsorgt
- **5–12 Jahre:** priesterlich – erste Erfahrungen mit Kirche
- **12–16 Jahre:** materiell – Teenager, getrieben
- **16–26 Jahre:** spirituell – Depression, Sinnsuche, Bibellektüre
- **26–30 Jahre:** spirituell + inkarnatorisch – Beziehungsverluste und berufliche Enttäuschungen, Neuordnung der Prioritäten im spirituellen und praktischen Leben
- **30 Jahre bis heute:** inkarnatorisch – Paradoxes annehmen, Nichtwissen besser aushalten können

DEIN ZEITSTRAHL

0 **heute**

3. Achte auf die Übergangspunkte auf deinem Zeitstrahl. Welche Erfahrungen beschleunigten deine Entwicklung von einer Weltsicht zur anderen? Schreibe alle Einzelheiten auf, an die du dich noch erinnerst.

4. Lies noch einmal den Abschnitt über die *inkarnatorische Weltsicht* mit Richard Rohrs Aussage: *»Das Codewort, das ich in diesem ganzen Buch für dieses Weltbild verwende, ist einfach ›Christus‹.«*

Notiere in dein Tagebuch, wie es wäre, das Leben vorwiegend aus diesem Weltbild heraus zu erfahren.

2. Übung: Das Muster spiritueller Transformation (Teil I)

»Selbst im Rahmen eines inkarnatorischen Weltbildes wachsen und reifen wir, indem wir eine gewissermaßen perfekte Ordnung hinter uns lassen, eine in der Regel schmerzhafte und scheinbar unnötige Unordnung durchschreiten und schließlich zu einer erleuchteten Neuordnung oder ›Auferstehung‹ gelangen. Dies ist das ›verbindende Muster‹, das unsere Beziehung zu allem, was uns umgibt, auf soliden Boden stellt.«

(Seite 304)

Begriffe wie *Wachsen* und *Transformation* klingen zunächst einmal optimistisch. Sie verheißen Entwicklungen und neue Möglichkeiten. Unser heutiger Lebensstil aber tut sich schwer zu erkennen, welche Vorteile Beweglichkeit, Agilität und Veränderungsbereitschaft haben, wenn unsere Umgebung diese Fähigkeiten einfordert. Nirgendwo zeigte sich das deutlicher als in den ersten Monaten der globalen Corona-Pandemie im Jahr 2020. Länder, Gemeinschaften und Unternehmen, die ihr Verhalten rasch veränderten, konnten sich mit dem geringsten Verlust von Menschenleben an diese tragische neue Realität anpassen. Aber selbst deren »Transformation« ging mit viel Leid und hohen Kosten einher. Es waren ja nicht nur die Kranken und Leidenden, sondern auch die Millionen, die ihre Jobs verloren, und all die Eltern, die mit ihrer Arbeit zurechtkommen und sich gleichzeitig um ihre Kinder kümmern mussten, die zu Hause waren. Die Veränderung bereitete Schmerzen und Leid.

Wenn wir in unserem geistlichen Leben wachsen wollen, übersehen wir leicht, dass das Leiden eine Vorbedingung für die Erfahrung einer echten Transformation ist. Wir müssen unbedingt darauf vorbereitet sein, »unser Kreuz auf uns zu nehmen« und alte Sichtweisen aufzugeben, damit wir die Erfahrung einer neuen Wirklichkeit machen können. Richard Rohr betont, dass wir uns dabei »von *Ordnung* über *Unordnung* und schließlich zu *Neuordnung* bewegen lassen« müssen (Seite 304).

VON ORDNUNG ZU UNORDNUNG

Wenn wir Schock, Schmerz und Verlust erfahren, suchen wir dafür häufig verzweifelt in unserem Glauben nach einem Sinn. Da sind wir zum Beispiel sehr verliebt und plötzlich passiert etwas ganz Unerwartetes mit unserem Partner; oder wir glauben, wir wären von Gott berufen, aber niemand unterstützt das, worum wir uns bemühen. Wir beten inständiger, gehen in die Kirche und hoffen, dass alles wieder so wird, wie es einmal war, oder dass es sich so fügt, wie wir es gerne hätten. Aber wenn sich dann nichts verändert und unsere Gebete unbeantwortet bleiben, gerät unsere bequeme, stabile Weltsicht einer spirituellen Ordnung in große Unordnung.

Meine eigene Erfahrung der Unordnung hat mich dazu geführt, das *priesterliche Weltbild* anzunehmen. Ich habe Theologie studiert und mich sowohl zum Psychotherapeuten als auch zum Coach ausbilden lassen. Ich erinnere mich noch daran, wie ich in den ersten Vorlesungen über Lebensberatung saß; es ging um die Bedeutung des Familiensystems, um die Werte, die wir unbewusst von der Gesellschaft übernehmen, und wie wir auf traumatische Ereignisse reagieren. All das unterschied sich so fundamental von dem Verständnis der Wirklichkeit, von dem in der Kirche oft die Rede war. Dort hatte ich auf Gottes Wort zu hören, vor jeder

Entscheidung zu beten, anderen schnell zu vergeben und nicht auf früheren Verletzungen herumzureiten. Hier aber lernte ich: So glatt und ohne Brüche ist die Welt nicht.

Viele meiner Freunde, die mit ähnlicher Unordnung konfrontiert wurden, wandten sich dem *materiellen Weltbild* zu. Sie gaben ihren Glauben auf, verließen sich fast nur noch auf empirische Fakten und konzentrierten sich auf ihre Karriere, um in materiellen Annehmlichkeiten einen Sinn zu finden. Manche blieben bei dieser Sicht der Dinge, oft verletzt von ihrem früheren *spirituellen Weltbild*, andere erlebten im Rahmen dieses *materiellen Weltbildes* sogar noch mehr Unordnung, kapitulierten und »kamen zum Schluss, ›dass es eine universale Ordnung gar nicht gibt‹« (Seite 249).

Richard Rohr bemerkt dazu: »Selbst im Rahmen eines inkarnatorischen Weltbildes wachsen und reifen wir, indem wir ... eine in der Regel schmerzhafte und scheinbar unnötige Unordnung durchschreiten« (Seite 304). Auch wenn das *inkarnatorische Weltbild* uns etwas *über* dieses Muster der spirituellen Transformation lehrt, ist unser Erleben von Verlust und Unordnung für unsere Psyche immer noch schwer zu verdauen. Wir müssen diesen Zyklus des Verlustes mehrmals durchleben, bis wir dieses Muster der spirituellen Transformation, dass es erst abwärts und dann wieder aufwärts geht[3], zu akzeptieren vermögen.

ZUM NACHDENKEN

Nimm dir Zeit, darüber nachzudenken, wie du in deinem Leben Ordnung und Unordnung erlebt hast.

1. Ordnung: »In diesem ersten Stadium, *wenn es uns denn vergönnt ist (und das ist es nicht allen)*, fühlen wir uns unschuldig und geborgen« (Seite 305).

Blättere durch ein Fotoalbum mit alten Familienbildern oder suche nach einigen Fotos aus deiner Kindheit. Nimm dir Zeit, dich mit den Erinnerungen an die Erlebnisse auf den Fotos zu verbinden.

- Was hast du durch deine Familie, in deiner Schulzeit und bei deinen Freunden sowie durch religiöse Erfahrungen über die Ordnung der Welt gelernt?
- Welche Aspekte der vier Weltbilder (aus Übung 1) sind in deinen Erfahrungen von Ordnung vorgekommen?
- Schreibe auf, was dir aufgefallen ist.

TIPPS FÜR DAS TAGEBUCH-SCHREIBEN

- Du schreibst für dich selbst und weißt, dass dies niemals jemand anderes lesen wird. Du kannst diese Tagebuch-Einträge sogar vernichten, wenn du schließlich mit ihnen fertig bist; aber nimm dir zunächst die Zeit, wirklich auf dich zu hören.

- Vielleicht hilft es dir, in der zweiten Person über dich selbst zu schreiben (zum Beispiel: »Du hattest gehofft, dass diese Beziehung von Bestand sein würde, aber …«).

2. Unordnung: »Letztlich muss und wird dich dein vorzüglich geordnetes Universum – dein ›privates Erlösungsprojekt‹, wie Thomas Merton es genannt hat – enttäuschen, *wenn du ehrlich bist*. Leonard Cohen drückt das so aus: ›Da ist ein Riss, ein Riss in allem, das ist der Spalt, durch den das Licht einfällt‹ *(There is a crack in everything, that's how the light gets in)*« (Seite 306).

- Welche Erfahrungen, egal in welcher Phase deines Lebens, hast du als enttäuschend oder verwirrend empfunden? Vertraue deiner Intuition und bleibe bei dem ersten Gedanken, der dir dazu kommt.
- Schreibe die Erfahrungen und die Gefühle, die sie in dir geweckt haben, auf und auch, welche Auswirkungen sie auf dein heutiges Leben haben.

3. Übung: Das Muster der spirituellen Transformation (Teil II)

»Der Weg zur Neuordnung ist kein Dauerkampf. Um dort anzukommen, müssen wir vielmehr geduldig sein, Lehren ziehen aus allem und das Stadium der Unordnung miteinschließen, indem wir die erste naive Ordnung transzendieren – *aber auch sie nach wie vor einbeziehen!*«

(Seite 307)

Richard Rohr betont, auf dem Weg von der Ordnung über die Unordnung zur Neuordnung hänge alles davon ab, *»es durchzumachen – anstatt unten durchzuschlüpfen, es zu übergehen oder zu umgehen«* (Seite 307). Wir wünschen uns enge Freundschaften, innige Liebe sowie eine sinnvolle und gut bezahlte Arbeit. Aber wenn sich unsere großen Pläne dann nicht erfüllen, sind wir versucht, die Konsequenzen zu vermeiden, die sich daraus ergeben. Wir sehen uns nach einem einfachen Ausweg um, aber es gibt keinen Trick und auch keine Abkürzung zur Weisheit der Neuordnung.

Ganz gleich, wie oft ich diesen Kreislauf auch durchmache: Der Schmerz der Unordnung brennt jedes Mal aufs Neue, und ich bin immer wieder überrascht, wenn eine neue Ordnung entsteht.

Vor über zweitausend Jahren diskutierten die stoischen Philosophen darüber, wie wichtig es sei, auch Unordnung zuzulassen. Diese Überzeugung beeinflusst uns bis heute: von Psychotherapeuten[4], über Unternehmerinnen und Unternehmer bis zu Sportlern[5], die davon sprechen, wie wichtig es ist, Herausforderungen ins Gesicht zu sehen. Der Titel eines unlängst erschienenen Buches vermittelt eine zentrale Botschaft dieses modernen Stoizismus: *Das Hindernis ist der Weg: Die zeitlose Kunst, Prüfungen in Triumphe zu verwandeln.*[6]

Aber nicht alle unsere Erfahrungen von Neuordnung fühlen sich an wie ein Triumph in dem Sinn, dass wir irgendwo gewinnen oder andere in einem Wettkampf besiegen. Richard Rohr betont, die Neuordnung werde »uns eher *geschenkt* … als von uns selbst geschaffen oder konstruiert . … Du wirst zu deinem Glück geleitet – du kannst den Weg dorthin nicht mit eigener Willenskraft oder Cleverness finden. Trotzdem versuchen wir das alle!« (Seite 310). Neuordnung ergibt sich, wenn wir aufhören, sie zu forcieren, und das Bedürfnis loslassen, das Ergebnis zu kontrollieren. Ein Freund von mir sagt oft, dass der Weg heraus aus der Unordnung von einem verlange, »mit dem Schmerz dazusitzen, bis er einen heilt«. Nur dann sind wir bereit, unsere alten Sichtweisen abzulegen und die Welt mit neuen Augen zu sehen.

Die Neuordnung zuzulassen verlangt zunächst, unsere Illusionen von Ordnung und Kontrolle aufzugeben. Das kann sogar heißen zuzugeben, dass das Leben jetzt anders ist, als es bislang war oder als wir erhofft hatten. Wir hatten früher einen starken Glauben, aber jetzt machen wir einfach nur noch ohne innere Beteiligung mit, was in der Kirche passiert. Wir haben berufliche Entscheidungen getroffen, die eher auf Einkommenserwartungen und dem Wunsch nach finanzieller Sicherheit beruhten als auf persönlicher Erfüllung. Und was wir uns von einer Heirat erhofft hatten, ist einfach nicht Wirklichkeit geworden. »Wir alle gelangen zur Weisheit, indem wir dafür den Preis unserer Unschuld und Kontrolle bezahlen«, schreibt Richard Rohr (Seite 309).

Diesen schwierigen Weg zu akzeptieren ist für unser Ego sehr schmerzlich.

Als Fünfzehnjähriger erhoffte ich mir von den Lehrern im Religionsunterreicht klare Antworten. Ich konnte nichts damit anfangen, dass sie immer wieder mit dem Begriff »Geheimnis« daherkamen, wenn sie sich bemühten, auf meine Fragen zu antworten. Persönliche Enttäuschungen, berufliche Irrwege und der Verlust wichtiger Beziehungen lehrten mich die schwierigen Lektionen der Unordnung. Ich kämpfte gegen all diese Ungerechtigkeiten. Richard Rohr schreibt, Menschen müssten »irgendwie ›verwundet‹ werden, bevor sie diese Grundillusionen aufgeben können« (Seite 309). Aber darin steckt etwas Gutes: »Unsere Ursprungsordnung aufrechtzuerhalten ist nicht per se Glück. Wir müssen eine ›zweite Naivität‹ erhoffen und erwarten, die uns eher *geschenkt* wird, als dass sie von uns selbst geschaffen oder konstruiert werden kann. Glück ist das spirituelle Resultat vollendeter Reife, und deshalb spreche ich von ›Neuordnung‹« (Seite 310).

Als meine Welt neu geordnet war, lernte ich langsam, graue Sowohl-als-auch-Antworten zu akzeptieren und Sichtweisen mit einzubeziehen, die ich bislang ausgeschlossen hatte. Überrascht stellte ich fest, dass einige vergessene spirituelle Handlungen aus meiner Kindheit mich ganz neu ansprachen: Es waren so einfache Dinge wie etwa das Anzünden einer Gebetskerze in einer dunklen Kirche oder das Kreuzzeichen. Handlungen, die ich mit der Naivität der Kindheit hinter mir gelassen hatte, bekamen jetzt in dieser »zweiten Naivität« plötzlich eine tiefe und nicht ohne Weiteres erklärbare Bedeutung.

Ich begriff, dass ein »Geheimnis« nicht etwas ist, das man nicht durchdringen kann; das Wort verweist lediglich auf die Tatsache, dass es unendlich viele Weisen gibt, ein und dieselben Dinge zu sehen. Meine Aufgabe besteht darin, so viel Ordnung und Kontrolle aufzugeben, dass ich die Geheimnisse des Lebens in ihrer ganzen Fülle erfahren kann.

ZUM NACHDENKEN

1. Von der Unordnung zur Neuordnung

Bei welcher Herausforderung oder Enttäuschung oder bei welchem Schmerz hast du gedacht, du würdest dich nie mehr davon erholen, aber du hast es schließlich überstanden und konntest dich dem Leben wieder neu zuwenden?

- Wie hat sich das angefühlt, als du schließlich weitermachen und das Leben aus dieser neuen Perspektive sehen konntest?
- Auf welche Weisen hat dich diese Neuordnung deiner Welt überrascht?

2. Zeitverlauf der Muster der spirituellen Transformation

Zeichne auf, welche Muster der spirituellen Transformation (Ordnung, Unordnung, Neuordnung), zu verschiedenen Zeitpunkten in deinem Leben auf dich einwirkten. Der Zeitstrahl beginnt mit deiner ersten Erinnerung und endet mit deinem jetzigen Alter.

PATRICKS ZEITSTRAHL

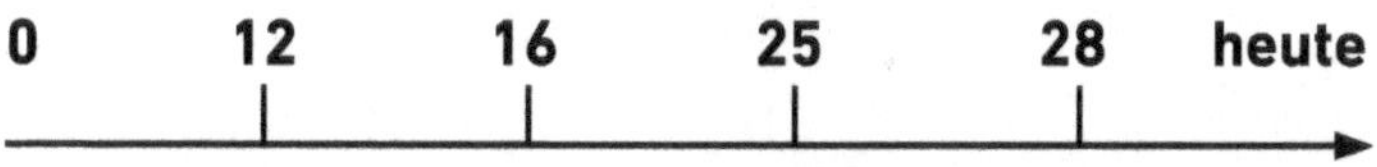

- **0-12 Jahre:** Ordnung
- **12-16 Jahre:** Unordnung
- **16-18 Jahre:** Neuordnung
- **18-25 Jahre:** Ordnung
- **25-28 Jahre:** Unordnung
- **28 Jahre bis heute:** Neuordnung

DEIN ZEITSTRAHL

3. Kehre jetzt zu der Zeitlinie zurück, die du für Übung 1 »Die vier Weltbilder« gezeichnet hast, und überlege, wie deine Weltbilder durch die Lebenserfahrungen in beiden Zeitlinien beeinflusst worden sind.

Wenn du fertig bist, verweile ein wenig in stillem Gebet oder bleibe bei dem, was gerade in dir aufsteigt.

4. Übung: Christus ist überall

»[Das Christusgeheimnis] ist die Einwohnung der Göttlichen Gegenwart in allen und allem seit Anbeginn der Zeit, wie wir sie kennen … Christus ist überall; in Ihm hat jede Lebensform eine Bedeutung und einen Einfluss auf jede andere Lebensform.«

(Seiten 8–9)

Die Wochen bis zur Erstkommunion können für katholische Jungen und Mädchen eigenartig und beängstigend sein. »Werde ich meine Gebete aufsagen können? Denk daran, dass du zuerst *alle* deine Sünden beichtest – du darfst nichts auslassen. *Beiße* nicht auf die Hostie – sie ist der Leib Christi.« Ich erinnere mich, dass ich mich fragte, wessen Leib wir nun eigentlich essen würden – Jesu Leib oder Christi Leib? Jesus war für mich der wunderbarste Mensch. Ich betete viel zu ihm und dass er für mich gestorben war, machte mich traurig und froh zugleich. Aber seinen Körper wollte ich nicht essen. Am meisten beschäftigte mich, welchen Teil davon ich wohl essen würde. Ich hoffte, dass es nicht seine Geschlechtsteile sein würden. Es wäre sicher sehr viel besser, den »Leib Christi« zu essen, wie der Priester es sagte. Mit meinen sechs Jahren schien mir Christus weit genug von mir entfernt, sodass es kein Problem sein würde, ihn zu essen.

Aber genau an diesem Punkt begann meine Verwirrung: Jesus Christus hat als Mensch auf der Erde gelebt, aber war er nicht auch zugleich kosmischer Natur und mit dem Vater und dem Heiligen Geist Teil der Dreifaltigkeit? Das kam meinem jungen Geist recht verwirrend vor. Ich beschloss, wie viele andere auch, mich auf den menschlichen Aspekt seines Anteils an der Dreifaltigkeit zu konzentrieren. Schließlich hatte Christus auch den Vornamen Jesus. Er liebte die Kinder und erzählte schöne Geschichten. Das ergab alles einen recht guten Sinn. Von da an dachte ich, außer wenn ich das Wort *Christus* bei der Messe hörte, nie mehr an den »anderen Namen« Jesu.

Richard Rohr beschreibt dies mit folgenden Worten: »[Wir haben] die Göttliche Gegenwart nach und nach auf den individuellen Leib des historischen Jesus reduziert, *obwohl sie vielleicht ebenso allgegenwärtig ist wie das Licht selbst – und durch menschliche Schranken nicht abgegrenzt werden kann«* (Seite 11).

Eine derart tiefe und umfassende Sichtweise der Göttlichen Gegenwart geht weit über unser gewöhnliches Denken hinaus. Wir können gar nicht anders , als unsere Erfahrungen in Kategorien zu fassen, um dem täglichen Leben einen Sinn zu geben, und wir beschreiben diese Kategorien mit Redewendungen wie: »Bei ihr ist das Glas immer halb leer«, »jede Wolke hat ihren Silberstreif«, oder »Ich bin nicht gerade ein kreativer Typ«. Solche Kategorien können unser Wachstum begrenzen oder sie können uns helfen, die tiefere, breitere, allgegenwärtige Natur des Universalen Christus zu sehen.

Wir müssen auf diese Brillen achten, durch die wir schauen. Richard Rohr meint: »Wahrhaft Erleuchtete können deshalb die Einheit sehen, weil sie *von ihrer inneren Einheitserfahrung her nach außen und auf das Ganze schauen*, statt alles sofort als überlegen oder unterlegen, drinnen oder draußen zu definieren« (Seite 15). Aber um alles vom Einssein her sehen zu können, müssen wir zuerst nach innen schauen. Wir müssen anfangen, genauer zu untersuchen, wie wir unsere innere Welt einschließlich unseres Bildes von uns selbst in verschiedene Teile trennen. Wenn wir nicht genau da anfangen, werden wir Mühe haben, eine kosmische Sichtweise des Christus zu erlangen, denn sie »konkurriert mit niemandem und grenzt niemanden aus, sondern schließt alle und alles ein (Apostelgeschichte 10,15.35)« (Seite 15).

Wenn wir es zulassen, dass diese Sicht Christi die Sicht auf uns selbst durchdringt, beginnen wir zu sehen, dass »alles gesalbt ist« (Seite 31): Blumen und Bäume, Städte und Geschäfte, alle Tiere und alle Menschen. Diese Art, die Welt zu sehen, also alles als »ein Wunder« zu betrachten (Seite 15), ist ganz und gar bezaubernd.

Deshalb brauchen sich weder kleine Jungen und Mädchen noch Erwachsene jeglichen Hintergrunds länger den Kopf darüber zu zerbrechen, dass sie den Leib Christi verzehren. Wenn wir bereit sind, unseren Fokus zu verstellen, werden wir wahrnehmen, dass Christus für uns überall und *in allem* ist.

ZUM NACHDENKEN

Lies die folgenden Auszüge aus einem Gebet aus dem Jahr 433 n.Chr., das dem heiligen Patrick zugeschrieben wird. Bleibe eine Weile bei diesem Gebet und lies es mehrere Male in kontemplativer Weise. Statt jede Zeile zu analysieren, achte auf die Worte, Sätze und Bilder, die dich am meisten ansprechen, auch wenn du nicht genau verstehst, warum.

Richard Rohr schreibt über die Kontemplation: »Kontemplation bedeutet, geduldig darauf zu warten, dass sich Lücken schließen; sie kann auf sofortige schnelle Folgerungen oder einfache Antworten verzichten« (Seite 17).

Christus ist in mir, wenn ich mich hinlege,
Christus ist in mir, wenn ich mich hinsetze,
Christus ist in mir, wenn ich aufstehe,
Christus ist im Herzen jedes Menschen, der an mich denkt,
Christus ist im Mund jedes Menschen, der von mir spricht,
Christus ist in jedem Auge, das mich sieht,
Christus ist in jedem Ohr, das mich hört.

Lasse es zu, dass dieses Gebet sich in dir ausbreitet. Und wenn es für dich passt, schreibe auf, welche Gedanken, Gefühle oder körperlichen Empfindungen es in dir weckt.

5. Übung: Kontemplation

»Vor allem am Anfang bitte ich darum hinzunehmen, dass einige meiner Ausführungen teilweise rätselhaft sein werden, zumindest für eine gewisse Zeit. Ich weiß, dass das es für unseren egozentrischen Geist unbefriedigend und beunruhigend sein kann, der auf jedem Schritt des Weges schon im Voraus die Übersicht und Aufsicht über das Ganze behalten will. Aber es geht in dieser Sache darum, sich auf jene kontemplative Weise des Lesens und Lauschens einzulassen, die uns ein großes und weites Feld erschließen wird.«

(Seite 14)

Der kontemplative Weg des Horchens, den Richard Rohr in diesem Abschnitt beschreibt, wurde während der globalen Corona-Pandemie zur Erfahrung von Milliarden von Menschen. Eine solche schmerzliche und mühsame Zeit bringt den kollektiven Kontrollverlust und die Herausforderung ans Licht, vor denen die meisten von uns stehen, wenn sie derart im Ungewissen sind. Wir werden gezwungen, auf eine Weise zu »warten«, die vielen von uns fremd ist: warten, bis wir liebe Menschen wieder sehen dürfen, warten auf Testergebnisse, warten, bis wir wieder zur Schule gehen und endlich wieder zum »normalen« Leben zurückkehren können. Wer die Herausforderungen der Finanzkrise von 2007/2008 miterlebt oder während eines gewaltigen Sturms oder Feuers angespannt gebangt hat, hat etwas Ähnliches erfahren.

Richard Rohr weist darauf hin, dass wir uns »zeitweilig auf Umwegen bewegen und behutsam und achtsam vorgehen« müssen, um in Phasen großer Ungewissheit ein neues Verständnis der Welt zu erlangen (Seite 14). Wir müssten »geduldig darauf … warten, dass sich Lücken schließen« (Seite 17). Diese kontemplative Lebensweise, die die Spannung des Unbekannten aushält, ist genau das, wozu uns Richard Rohr einlädt; doch wir müssen es aushalten, dass seine Gedanken *»teilweise rätselhaft bleiben werden, zumindest für eine gewisse Zeit«* (Seite 14).

Die Kontemplation ist eine Art und Weise zu sehen und das Leben zu erfahren. Wir üben uns in kontemplativen Praktiken wie etwa dem Sitzen in der Stille, damit wir das Streben unseres Egos nach Sicherheit und Kontrolle immer mehr überwinden können. Wenn wir uns auf das kontemplative Sitzen einlassen, müssen wir zuerst einmal anerkennen, dass wir dazu tendieren, die Erfahrung jeden Augenblicks zu kategorisieren. Wir entscheiden uns dann für eine stille Zeit des Gebets, die unseren Geist zur Ruhe bringt und uns hilft, uns zu öffnen für das, was wir noch nicht wissen. Indem wir unseren ganzen Körper mit einbeziehen und uns unserer Emotionen und Gedanken bewusst werden, versuchen wir, die Ablenkung, die aus ihnen erwächst, hinter uns zu lassen, damit wir Gottes Gegenwart deutlicher wahrnehmen können.

»Kontemplation ist eine Einübung ins Scheitern«, sagt Richard Rohr. Denn jedes Mal, wenn wir beten, unterbrechen und zerstreuen uns unsere gewohnten Denk- und Gefühlsmuster trotz »unserer besten Absichten, in der Gegenwart präsent zu bleiben. Doch es ist der Wunsch danach, der zählt. In unserem wiederholten Scheitern begegnen wir Gottes Gnade.«[7]

Kontemplative Übungen gibt es in der christlichen Tradition seit fast zweitausend Jahren. Schon Origenes von Alexandria (ca. 186–251 n. Chr.) hat gelehrt, wie man während des Betens aufmerksam bleiben kann. Diese Übungen entwickelten sich über die Wüstenmütter und Wüstenväter weiter in die keltische Spiritualität. Sie wurden unter anderem durch die Lehren Meister Eckharts und Julianas von Norwich sowie durch klassische Werke wie etwa die *Wolke des Nichtwissens* verbreitet. Nachdem die Reformation für eine jahrhundertelange Unterbrechung gesorgt hatte, machten im 20. Jahrhundert bekannte Lehrmeister wie Thomas Merton und Thomas Keating die kontemplativen Praktiken im Westen wieder bekannter. Diese Lehrmeister bemühten sich darum, den Menschen zu einer verkörperten Erfahrung des Einsseins *mit* Gott zu verhelfen, statt nur ein bloßes Wissen *über* Gott zu verbreiten.

Ganz gleich, wie viel wir über die Heilige Schrift, über Liturgie oder Theologie wissen, drängen uns die Ungewissheit über die Zukunft und die Komplexität unserer Beziehungen, Verletzungen und Hoffnungen dazu, über einen bloß kognitiven Glauben hinauszukommen. Wir müssen lernen, die Spannung in diesen komplexen Situationen auszuhalten, die wir nicht vollständig kontrollieren können. Die Kontemplation hilft uns, aus einer Haltung der Demut heraus auf die Welt zu blicken und zu akzeptieren, dass wir nie alles wissen werden, dass es immer noch mehr zu sehen und zu lernen gibt und Gott auf viele Wege erfahren werden kann. Doch statt an dieser Erkenntnis zu verzweifeln, hilft uns die Kontemplation, unsere Aufmerksamkeit auf unsere gelebten Erfahrungen in *diesem* Augenblick zu richten.

Wenn ich mich darauf einlasse, auf diese kontemplative Weise die Schrift zu lesen oder aufmerksam zu sein für Gottes Gegenwart, verliert mein Ego (der Teil von mir, der »jeden Schritt des Weges kontrollieren« möchte) ein Stück weit seine Macht. Ich brauche dann keine endgültigen Antworten mehr, die meinen Vorlieben und Gewohnheiten sowie der Weltsicht entsprechen, die ich mir konstruiert habe, damit ich mich sicher und geborgen fühle. Auf »Umwegen … behutsam und achtsam« komme ich voran (Seite 14).

ZUM NACHDENKEN

Lies eine der kursiv gedruckten Stellen im ersten Kapitel von *Alles trägt den einen Namen* (»Bevor wir beginnen«). Versuche, es auf kontemplative Weise zu tun:

- Setze dich an einen ruhigen Platz und verzichte auf technische Geräte und andere Ablenkungen.
- Atme einige Male tief ein und aus und bringe im Gebet deinen Wunsch zum Ausdruck, für alles offen zu sein, was immer Gott dir durch diese Textstelle sagen möchte.
- Lies diese Stelle zwei- oder dreimal und mache zwischen jedem Abschnitt eine Pause.
- Achte darauf, ob dir beim zweiten oder dritten Durchlesen ein besonderes Wort oder ein Abschnitt auffällt, der dich besonders anspricht.
- Schreibe die Erinnerungen, Empfindungen oder Gedanken auf, die nun in dir präsent sind. Inwiefern hat diese

Textstelle etwas mit deinem derzeitigen Leben zu tun? Vielleicht möchtest du noch etwas in dein Tagebuch schreiben oder beten.

- Lies die Textpassage ein letztes Mal und bleibe noch ein paar Momente in der Stille, bevor du wieder in deinen Tag zurückkehrst.

6. Übung: Die erste Inkarnation

»Dieser Selbsterweis jener ewigen Quelle, die man Gott nennt, war die *erste Inkarnation* … Die franziskanische Tradition sagt: Die Schöpfung ist die erste Bibel, und sie existierte bereits 13,7 Milliarden Jahre, bevor die zweite Bibel geschrieben wurde.«

(Seite 21)

In der Nähe meines Wohnortes gibt es einen steinigen Strand, von dem aus man in eine kleine Bucht kommt. Wann immer ich kann, nehme ich im Sommer abends mein Boot und paddle ein paar hundert Meter weit vom Strand weg. So weit, bis ich die Berge sehen kann, die sich über die nackten Klippen der meilenlangen Küste erheben. Während ich konzentriert in den Wellen Kurs zu halten versuche, streckt regelmäßig eine graue Robbe ihren Kopf aus dem Wasser, um mich zu begrüßen. Draußen, an den Felsen vor der Küste bin ich allein mit den Seetauchern, einer Kolonie von Kormoranen und den Makrelen, die ab und zu aus dem Wasser springen. Die Vögel stoßen ihre Warnrufe aus, und wir sind uns einig, dass wir einfach ruhig dasitzen und warten. Wir beobachten einander aus kurzer Entfernung und nur das freundliche Plätschern der Wellen durchbricht gelegentlich unser Schweigen. Eine derartig natürliche, wilde Schönheit erinnert mich daran, dass *»[a]lles, was sichtbar ist … Selbstmitteilung Gottes [ist]. Ohne Ausnahme.* Was sonst könnte es sein? ›Christus‹ ist eine Bezeichnung für die ursprüngliche Matrix (den *›Logos‹*), durch die ›alle Dinge entstanden sind. Und kein einziges Ding ist ohne den Logos da‹ (Johannes 1,3)« (Seite 22).

Ich blicke nach Westen und sehe den »Great Sugar Loaf« (»Großen Zuckerlaib«), einen kleinen vulkanisch geformten Berg gegenüber einem stattlichen Gebäude namens »Powerscourt House«. Hier verkündete in den 1830er-Jahren John Nelson Darby erstmals, dass eine Entrückung stattfinden werde, bei der die Christen leibhaftig in die Wolken erhoben würden, um Christus bei seiner Wiederkunft zu begegnen. Seine dispensionalistische Theologie betonte die gefallene Natur unseres Planeten und forderte dazu auf, den Blick besser auf einen neuen Himmel und eine neue Erde zu richten.[8] Darbys theologische Ansichten fanden in Nordamerika großen Zuspruch und wurde von einem breiten Spektrum christlicher Konfessionen übernommen. Mit diesem Weltbild verlagerte sie die Wahrnehmung der Schönheit der ersten Inkarnation auf etwas komplett anderes. »Paradoxerweise haben Millionen der sehr Frommen, die auf die ›Wiederkunft‹ warten, weitgehend das erste Kommen verpasst ... Leider Gottes gibt es im Christentum eine ganze Sektion, die nach einem Fluchtweg aus Gottes kontinuierlicher Schöpfung sucht – und sogar darum betet –, zugunsten einer Art von Harmagedon oder Entrückung« (Seite 32).

Wie stark beeinflusst uns diese Idee der Flucht? Wie bewusst ist uns diese Erzählung, die uns sagt, unsere wunderschöne Biosphäre, die *erste Inkarnation*, sei im Grunde gefallener Natur – nicht reparierbar und einer Version 2.0 bedürftig. Vielleicht hat sich dies auf unsere Einstellung zu den Ressourcen der Erde ausgewirkt, die ja deutlich zeigt, was unsere wahren Werte sind. Richard Rohr schreibt:

»Wenn wir keine Ahnung davon haben, dass die Welt in sich geheiligt ist – jedes noch so winzige Bruchstück des Lebens und des Todes –, fällt es uns schwer, Gott in unserer eigenen Lebenswirklichkeit zu sehen, geschweige denn, die gesamte Wirklichkeit zu achten, zu schützen oder zu lieben. Die Folgen dieser Ignoranz umgeben uns überall; sie zeigen sich darin, wie wir unsere Mitmenschen bis heute ausbeuten und ihnen Schaden zufügen, aber auch die lieben Tiere, das Gewebe all dessen, was wächst, das Land, die Gewässer und besonders die Luft« (Seite 29).

Welchen Unterschied würde es für die Qualität unseres Lebens machen, wenn wir ein wenig mehr Zeit in der Natur verbrächten? Würde unser Respekt für unsere Umwelt wachsen, wenn wir auf die Lebenszyklen der Tiere oder die Veränderungen der Landschaft im Wechsel der Jahreszeiten achteten? Was würde es für unser Konsumverhalten, unsere Gesundheit und unser Wohlbefinden bedeuten, wenn wir uns regional und saisonal ernährten? Ganz gewöhnliche Naturerfahrungen wie diese Augenblicke draußen auf dem Wasser können unser Verständnis von Ehrfurcht erneuern und uns daran erinnern, wie sehr wir alle miteinander verbunden sind.

Während ich die Bucht entlanggehe, geht die Sonne unter und rosarote Streifen ziehen sich über den dunkel werdenden Himmel. Die Schafe auf der abgelegenen Weide bewegen sich langsam hinunter zum Rand der

Klippen, wo sie die Nacht verbringen. Die kleinen Wellen umspielen meine Füße und die sanfte Brise verklingt zu einem Flüstern. Ich atme die kalte Luft ein und fühle, wie mein Körper sich entspannt. Ich bin im Himmel.

ZUM NACHDENKEN

Verbringe einige Zeit draußen in der Natur, im Idealfall irgendwo, wo du einem Tier begegnen kannst, etwa in einem Garten, auf einem Feld, im Wald oder an der Küste.

Geh irgendwo hin, wo es sich wild und lebendig anfühlt. (Wenn dir das schwerfällt, schau dir ein Video deiner Lieblingslandschaften oder einen Film über Wildtiere an.)

1. Lass irgendwann deinen Körper zur Ruhe kommen und achte auf die Schönheit, die Verflochtenheit und die Heiligkeit der Landschaft und der Tiere, mit denen du diesen Raum teilst.

2. Denke darüber nach, wie dir durch die erste Inkarnation Gott offenbart wird. Schreibe auf, was das in dir auslöst.

7. Übung: Persönlich und universal: Die zweite Inkarnation

»Gerade heute brauchen wir, vielleicht mehr denn je, einen Gott, der so groß ist wie das noch immer expandierende Universum. Sonst werden gebildete Menschen Gott nach wie vor als bloßes Anhängsel an eine Welt sehen, die in sich selbst fantastisch, wunderschön und lobenswert ist. Wenn Jesus nicht auch als Christus präsentiert wird, dann prophezeie ich, dass immer weniger Menschen aktiv gegen das Christentum rebellieren werden, während es gleichzeitig für immer mehr Menschen im Laufe der Zeit uninteressant wird.«

(Seite 28)

Ich hätte mir gewünscht, dass mir jemand irgendwann in meiner Kindheit oder zumindest während meines Theologiestudiums klipp und klar erklärt hätte, dass »Christus ... Gott [ist] und Jesus ... die historische Gestaltwerdung des Christus in der Zeit« (Seite 30). Das ist so einfach und so grundlegend. Statt über diese großartige Unterscheidung nachzudenken, verwechseln viele einfach nur die Namen »Jesus« und »Christus« miteinander oder verwenden sie, als wären sie austauschbar.

In den 1990er-Jahren war der englische Komiker und Schauspieler Rowan Atkinson Mitautor und Star der berühmten britischen Comedyserie *Mr. Bean.* Im Vorspann der einzelnen Folgen erklingt ein wunderschöner lateinischer Choral und von oben erscheint ein Lichtstrahl wie aus einem Raumschiff. Dieser Strahl weitet sich auf einer gepflasterten Straße zu einem Kreis und Mister Bean wird heruntergebeamt, als ob er uns aus dem Weltraum besuchen würde. Als ich jünger war, habe ich mich gefragt, ob es so ähnlich zuging, als Jesus auf die Erde gekommen ist. Wurde er mit einem Lichtstrahl vom Himmel heruntergebeamt, als ein fremder Gott, der gekommen ist, um einige Jahre mit uns zusammenzuleben? Richard Rohr betont, in Wirklichkeit sei es das genaue Gegenteil gewesen: »Anstatt allerdings zu sagen, dass Gott durch Jesus *in* die Welt kam, wäre es vielleicht richtiger zu sagen, dass Jesus *aus* einer von Christus erfüllten Welt kam. Die zweite Inkarnation war Ausfluss der ersten und entsprang

Gottes Liebesvereinigung mit der physischen Schöpfung« (Seite 24).

Das ist kein Besuch aus einer *anderen* Welt. Gottes Gegenwart ist eine Offenbarung – ganz buchstäblich ein Aufdecken – aus dem Inneren dieser Welt heraus. Wenn wir die frische Luft atmen, im Meer schwimmen, in einem Wald spazieren gehen, den Boden mit unseren bloßen Füßen berühren und mit Tieren und anderen Menschen interagieren, verbindet uns das ganz fest mit der ersten Inkarnation. Dann taucht die zweite Inkarnation aus der ersten auf. Aber für uns kann es schwierig sein, den persönlichen und den universalen Aspekt dieser zweiten Inkarnation gleichermaßen zu erfassen.

Der Klang des harten griechischen Lauts *ch* hat dem Wort *Christus* immer einen formalen und für mich irgendwie distanzierten Ton gegeben. Bei der Messe in der Kapelle unserer Highschool schlossen die feierlichsten Gebete immer mit der Formel »durch Christus, unsern Herrn. Amen«. Die Glocken läuteten, der Weihrauch duftete und die mächtige Christusgestalt blieb weit entfernt. Wie konnte der Mann Jesus die gleiche Person sein? Er saß mit seinen Freunden zusammen, er war liebenswürdig und mitfühlend, war eine Art Wanderer und Abenteurer und hatte offensichtlich geschickte Hände. Es würde einfach keinen Sinn ergeben, ein Gebet mit der Formel »durch Jesus, unsern Herrn. Amen« abzuschließen.

Im College erlebte ich jedoch, dass viele meiner Freunde mit unterschiedlicher Herkunft ihre Gebete mit der Formel abschlossen: »Im Namen Jesu. Amen.« Ich habe mitbekommen, dass manche Menschen gerne direkt zu Jesus beten, und zwar auf eine sehr informelle Art und Weise. Das Wort »Christus« wurde kaum erwähnt.

An Weihnachten nahm ich einmal einen meiner Freunde zur Mitternachtsmesse in meiner Highschool mit. Mein Freund hatte weder schon einmal eine solche Zeremonie erlebt, noch in einer Kirche ein kleines Orchester spielen hören. Er verstand nun, weshalb ich Schwierigkeiten mit den liturgisch nicht so strukturierten, Jesus-zentrierten Gottesdiensten hatte, die ich mit ihm besucht hatte. Als wir danach darüber sprachen, wurde mir klar, dass meine Erziehung und meine Persönlichkeit mich dazu brachten, mich mehr auf den universalen als auf den persönlichen Aspekt der zweiten Inkarnation einzulassen. Die religiöse Sozialisation meines Freundes bewirkte genau das Gegenteil; sie war sehr entspannt und informell. Aber die Symbolik dieser Mitternachtsmesse gefiel ihm: wie die Gläubigen an einem offenen Feuer vorbei in die Dunkelheit der stillen Kapelle einzogen und der große Chor alte Hymnen in verschiedenen Sprachen sang. Er konnte in dieser Zeremonie die Ehrfurcht und das Staunen über Christus spüren. Das war für uns beide eine Art Erleuchtung.

Richard Rohr betont, dass wir sowohl den persönlichen als auch den universalen Ausdruck von Christus brauchen: »Ein ausschließlich persönlicher Gott wird zum Kitschgötzen einer Stammeskultur, und ein ausschließlich universaler Gott verlässt niemals den Raum abstrakter Theorie und philosophischer Prinzipien ... Die Liebe Jesu erweitert unseren Herzensraum. Die Liebe des Christus erweitert unseren *geistigen* Raum. Ich meine, dass wir sowohl einen Jesus als auch einen Christus brauchen, um das Gesamtbild zu erfassen. Ein – individuell ebenso wie geschichtlich – wirklich transformierender Gott muss persönlich und zugleich universell erfahrbar sein« (Seite 30 und 50).

ZUM NACHDENKEN

1. Welcher Aspekt der zweiten Inkarnation spricht dich am meisten an: der persönliche (Jesus) oder der universale (Christus)?

2. Schreibe ein Gebet oder einen Brief an den Aspekt des Gottessohnes, mit dem du noch nicht so vertraut bist: entweder Jesus oder Christus. Vielleicht willst du ihm Fragen stellen. Oder du hast den Wunsch nach einer tieferen Verbindung und Vertrautheit mit Christus. Vielleicht verwirrt dich die Vorstellung, Jesus tauche aus einer von Christus durchdrungenen Welt auf. Denke nicht allzu lange darüber nach, sondern fang einfach an zu schreiben und nimm wahr, was sich ergibt.

8. ÜBUNG: WERDEN

»Gott liebt Dinge, indem er sie wird.
Gott liebt Dinge, indem er eins wird mit ihnen,
nicht, indem er sie ausstößt.«

(Seite 26)

In seinem Buch *Immortal Diamond: The Search for Our True Self* (deutsch: *Werde, wer du wirklich bist*) schreibt Richard Rohr ausführlich über das Ringen des Menschen, sich tiefer auf das einzulassen, »was man in Gott ist«[9]. Er nennt dies das *Wahre Selbst*, die »absolute Identität«, in der du dir dessen bewusst wirst, dass »du in Gott bist« und »Gott in dir ist«.[10] Der erste Schritt dazu, sich das *Wahre Selbst* anzueignen, ist der, sich des *Falschen Selbst* bewusst zu werden und es anzunehmen.

Das *Falsche Selbst* ist das »bedürftige und zerbrechliche« Selbst.[11] Es ist das, wofür man sich hält, basierend auf Rollen, die uns das Leben zuweist: auf den Rollen als Mutter oder Vater, Partnerin, hilfreicher Freund oder Führungskraft und auf angesehenen Titeln wie Doktor oder Pastor. An deinem *Falschen Selbst* ist nichts Falsches oder Schlechtes; es ist einfach »die Identität, die du dir selbst erschaffen hast«, und »die Illusion, die vorbeigehen muss«, damit du reifen kannst und mehr und mehr die Person bist, als die Gott dich erschaffen hat.[12]

In etwas anderen Worten spricht auch die Autorin und Sozialforscherin Brené Brown davon, wie wichtig es ist, sich der Verletzbarkeit, Furcht und Scham in unserem Leben zu stellen. Sie schreibt: »Das Mutigste, was wir je tun werden, ist, uns unsere Geschichte zu eigen zu machen und uns in diesem Prozess selbst zu lieben.«[13] Das bedeutet, dass der Weg zu unserem vollen Menschsein und zu unserem *Wahren Selbst* von uns verlangt, ehrlich über unsere schwierigsten Erfahrungen zu sprechen: wie wir unseren Körper lieben und respektieren, wie wir mit dem Schmerz um den Verlust eines geliebten Menschen umgehen, wie wir eine Glaubenskrise bewältigen und wie wir uns Schwierigkeiten mit unserer Sexualität oder den Kummer über eine Zurückweisung eingestehen. Selbst einfache Dinge wie ein gescheitertes Examen, eine sportliche Niederlage oder mangelnder Mut, aufzubegehren und zu unserer Meinung zu stehen, können unser Selbstbild erheblich beeinflussen.

Es geht wesentlich darum, uns eine ganzheitliche Sicht auf das Leben anzueignen, die allen unseren Erfahrungen Raum gibt, sowohl den Identitäten, an die wir uns klammern, als auch den Verletzlichkeiten, die wir verbergen. Richard Rohr schreibt:

»Das, was ich in diesem Buch als *inkarnatorisches Weltbild* bezeichne, ist das tiefe Erkennen der göttlichen Gegenwart in buchstäblich allem und allen. Das ist der Schlüssel zu geistiger und geistlicher Gesundheit und auch zu einer bestimmten Grundzufriedenheit und Lebensfreude. Eine inkarnatorische Weltsicht ist die einzige Möglichkeit, wie wir unsere inneren Welten mit der Außenwelt versöhnen können, Einheit mit Vielfalt, das Materielle mit dem Spirituellen, das Individuelle mit Kollektivem und das Göttliche mit dem Menschlichen« (Seite 29).

Wenn es dir geht wie mir, weißt du, wie leicht es ist, sich hinter der einen oder anderen Identität zu verstecken in der Meinung, das lasse uns gut aussehen. Manche streben nach Erfolg und verstecken sich hinter mehr und immer noch mehr Leistungen. Andere bemühen sich um Perfektion und brauchen Kontrolle um jeden Preis, um sich sicher und geborgen zu fühlen. Experte auf einem Gebiet zu sein, zu einer angesagten Gruppe zu gehören, ein Kreativer oder ein Freigeist zu sein – all das sind Beispiele für attraktive Identitäten, mit denen wir uns leicht über-identifizieren. Aber es sind, so Richard Rohr, »Illusionen, die vergehen müssen«.[14]

Wann immer wir uns hinter diesen Identitäten verstecken, um unsere Verwundbarkeiten, unsere Scham oder unsere Furcht zu verbergen, hören wir auf, zu den Menschen zu reifen, als die Gott uns erschaffen hat. Richard Rohr erinnert daran, dass Gott Dinge liebt, »indem er sie wird [und] eins wird mit ihnen, nicht, indem er sie ausstößt« (Seite 26).

Auf die gleiche Weise müssen auch wir alle Aspekte unserer selbst akzeptieren und integrieren – selbst diejenigen, die wir lieber ausschließen würden. Nur dann können wir ganze Menschen und unser *Wahres Selbst* sein. Das ist herausfordernd und oft beängstigend – und wir neigen dazu, den Schritt erst dann zu tun, wenn uns nichts mehr anderes übrig bleibt.

Welche Teile deiner selbst möchtest du lieber ausschließen? Gab es einen Schlüsselmoment oder eine

Erfahrung, die dazu geführt hat, dich dem zu stellen? – Vielleicht liegt das auch noch vor dir.

»Offen gesagt, ist Jesus viel eher gekommen, um uns zu zeigen, wie wir menschlich sein können, als um uns zu sagen, wie wir spirituell sein können, und dieser Prozess befindet sich, wie es scheint, noch immer in seinen frühen Phasen« (Seite 35).

ZUM NACHDENKEN

1. Welche Aspekte deines Lebens würdest du lieber ignorieren oder ausklammern? Vor welchen Erfahrungen, Geschichten und Meinungen schreckst du zurück, obwohl sie ein Teil dessen sind, wozu Gott dich gemacht hat?

2. Welche Identitäten hast du konstruiert, die dich davor schützen, dir oder anderen deine Verletzlichkeit, Angst oder Beschämung zu zeigen? Denke einen Augenblick lang über die Energie nach, die du aufwendest, um diese Identitäten aufrechtzuerhalten.

3. Schreibe auf, was dir bei diesen Fragen durch den Kopf geht. Vielleicht möchtest du beten oder etwas über den Prozess aufschreiben, in dem du mehr die Person wirst, als die Gott dich gemacht hat, also zu deinem *Wahren Selbst.*

9. Übung: Der Weg zur inneren Lebendigkeit

»Der Wesenskern des Glaubens besteht darin *anzunehmen, dass du angenommen bist!* Wir können uns selbst nicht in der Tiefe erkennen, ohne den Einen zu kennen, der uns gemacht hat, und wir können uns selbst nicht akzeptieren mit allem Drum und Dran, wenn nicht Gott es ist, der jeden Teil von uns fundamental annimmt.«

(Seite 40)

Den Stimmen der anderen nicht zu viel Aufmerksamkeit zu schenken ist eine der größten Herausforderungen. Nur auf sie zu achten hindert dich daran, »anzunehmen, dass du angenommen bist« (Seite 40). Wir sind soziale Wesen und darauf angewiesen, voneinander zu lernen. Aber wenn wir zu viel Zeit damit verbringen, außerhalb unserer selbst nach Bestätigung zu suchen, können wir den Kontakt zu unserer eigentlichen Bestimmung, unserem *Wahren Selbst*, verlieren.

Seit der industriellen Revolution hat die westliche Welt die Metapher der Maschine gepflegt. Wir nehmen etwa das dritte Newtonsche Gesetz (»Kraft gleich Gegenkraft«, Wechselwirkungsgesetz) und wenden es unbewusst auf unser Leben an. »Was wird passieren, wenn ich mich für diesen Schritt entscheide? Wie kann ich sicher sein, dass ich auch wirklich das bekomme, wonach ich suche?« Das führt uns häufig in ein dualistisches Denken und wir versuchen, die Komplexität unseres Lebens genauso zu betrachten, wie wir eine Maschine untersuchen würden. »Welche zehn Schritte führen mich zu einer erfolgreichen Beziehung? Welche fünf Tipps muss ich mir zu Herzen nehmen, um meine Karriere voranzutreiben? Was verlangt Gott von mir, als Nächstes zu tun?« Eine Maschine mit ihren Inputs, Operationen und Outputs kann man studieren und verstehen. Aber als Metapher ist sie zu eng für die Weite des Lebens.

»Die Art und Weise, wie man ans Ziel gelangt, bestimmt, wo man ankommt«, schreibt Richard Rohr und er lädt uns damit ein, unseren Fokus weg von mechanistischen Ergebnissen auf die Erfahrungen zu richten, die wir in jedem Augenblick unseres Lebens machen (Seite 41). Um dies zu erreichen, brauchen wir Zeit und Übung. Wir brauchen eine kontemplative Praxis, die uns zu einer neuen Art des Sehens und Denkens einlädt, und ebenso eine größere Vision dessen, wie diese Art zu leben aussehen könnte.

Richard Rohr schreibt: »Ich bin der Meinung, dass es [Jesu] Art von Lebendigkeit Menschen viel leichter gemacht hat, ihrer eigenen Lebendigkeit zu trauen und durch sie mit Gott in Beziehung zu treten, denn *Gleiches erkennt Gleiches*« (Seite 46). Das habe ich selbst erfahren. Als kleiner Junge wurde ich oft gefragt, was ich als Erwachsener werden wolle. Ich wusste es nicht. Aber die Erwachsenen stellten mir diese Frage so oft, dass ich begann, über meine Zukunft nachzudenken und Pläne zu machen, die darauf beruhten, was andere mir als gut empfahlen. Ich lernte, den Erwachsenen die Antworten zu geben, die sie hören wollten. Und allmählich war ich selbst davon überzeugt, dass ich dies alles genauso wollte.

Als meine Beratungslehrerin in der Highschool von meinen beruflichen Plänen erfuhr, zitierte sie klugerweise Thomas Merton: »Manche verwenden ihr ganzes Leben damit, die Erfolgsleiter hinaufzuklettern, um dann, wenn sie endlich ganz oben sind, festzustellen, dass die Leiter an die falsche Wand gelehnt war.«[15] Sie erkannte, dass ich mich selbst nicht akzeptierte und Entscheidungen traf, die auf einem Gefühl des Ungenügens und Angst beruhten. Ich war noch nicht bereit, meiner eigenen inneren Lebendigkeit zu vertrauen und wirklich hinzuhören.

Statt mich zu fragen: »Was willst du machen, wenn du groß bist?«, wäre die bessere Frage gewesen: »Wer möchtest du werden?« Oder noch besser: »*Wie* möchtest du werden?« Welche Art von Präsenz möchtest du in diese Welt einbringen?

Richard Rohr stellt eine Frage, die deutlich macht, wie schwer es uns fällt, uns selbst zu vertrauen und zu akzeptieren, wer wir nach Jesu Worten sind: »Es ist auffallend, dass das Prädikat ›Licht der Welt‹ einerseits verwendet wird, um den Christus zu beschreiben (Johannes 8,12), aber dass Jesus andererseits genau dieselbe Formulierung auf uns anwendet (Matthäus 5,14: ›Ihr seid das Licht der Welt‹). Nur wenige Prediger haben mich je darauf hingewiesen« (Seite 44).

Wenn wir uns mit unserer inneren Welt verbinden, mit dem, was unsere Lebensentscheidungen und unser Verhalten wirklich motiviert, müssen wir manchmal einsehen, dass wir nicht »unserer eigenen Lebendigkeit trauen« (Seite 46) und wir es nicht glauben, wenn Jesus sagt, dass [wir] »das Licht der Welt« sind. Wir sind so auf äußere Bestätigung fixiert und tun so vieles zum Wohl anderer, dass wir am Ende das Licht (Lukas 8,16) unseres *wahren Selbsts* verstecken.

ZUM NACHDENKEN

1. Nimm dir fünf Minuten Zeit, um in Stille über wichtige Entscheidungen nachzudenken, die du in deinem Leben getroffen hast. Das kann alles sein, von der Berufswahl bis hin zu einer Entscheidung für eine Beziehung, die Wahl deiner engsten Freundinnen und Freunde oder deines Wohnortes.

2. Als du diese Entscheidungen getroffen hast, wurdest du mehr von den Erwartungen anderer beeinflusst oder von deiner eigenen inneren Lebendigkeit?

3. Schreibe auf, wie du dich heute mit deiner inneren Lebendigkeit verbunden fühlst. Achte darauf, welche Empfindungen und Wahrnehmungen beim Schreiben geweckt werden.

10. Übung: Alles in Allem

»Das sakramentale Prinzip funktioniert folgendermaßen: *Fang mit einer beliebigen konkreten Begegnung an, die sich in dieser unserer materiellen Welt ereignet, und die Seele vollzieht von diesem Ausgangspunkt aus von selbst den Schritt ins Universelle, so dass das, was hier und jetzt stimmt, auch überall sonst wahr wird.* Und so schreitet die spirituelle Lebensreise vorwärts zu dem einen heiligen Mysterium, indem sie immer weitere Kreise zieht und immer mehr umfasst!«

(Seite 43)

Wir leben in einer Welt, in der wir – um besser verstehen zu können – die Dinge regelmäßig in »drinnen« und »draußen« einteilen, in »einbezogen« und »ausgeschlossen«. Und je länger wir die Welt in dieser Weise betrachten, umso wahrscheinlicher wird es, dass wir uns selbst auf die gleiche Weise beurteilen. Welche Anteile von mir sind »gut« und wert, gezeigt zu werden? Welche Teile sind beschämend und »schlecht«? Was kann ich anderen gefahrlos offenbaren und was muss ich vor ihnen verbergen?

Viele Menschen verbringen ihre Teenagerjahre mit dem Versuch, diese Fragen zu beantworten, und erfinden sich durch die Freundinnen und Freunde, die sie haben, und die Dinge, die sie tun, immer wieder neu. Daraus folgt, dass wir uns oft anhand dessen definieren, was wir *nicht sind*, lange bevor wir sehen und akzeptieren, wer wir in Wirklichkeit sind. Es kann sein, dass wir jahrzehntelang außerhalb unserer selbst nach unserer Identität suchen. Und es kann leicht passieren, dass dies auch unseren Glauben beeinflusst und wir andere verurteilen, die aufgrund ihres Glaubens und Verhaltens anders sind als wir.

Richard Rohr sieht es als ein Zeichen von Wachstum und Reifung auf unserer spirituellen Lebensreise, wenn diese »immer weitere Kreise zieht und immer mehr umfasst« (Seite 43). Und eines Tages kommt man an den Punkt, an dem einem aufgeht: »Du bist nicht dein Geschlecht, deine Nationalität, deine ethnische Herkunft, deine Hautfarbe oder deine soziale Klasse … Du bist ein Kind Gottes und wirst es immer sein, selbst wenn du es nicht glaubst« (Seite 51). Aber so viele unserer Glaubenserfahrungen, die Lehrschriften unserer Kirchen und Einstellungen in unserer Gesellschaft scheinen in die entgegengesetzte Richtung zu weisen. An die Adresse derer, die meinen, es sei für den christlichen Glauben grundlegend zu differenzieren und Unterschiede hervorzuheben, schreibt Richard Rohr: »Die Einzigen, die Jesus ausschloss, waren anscheinend diejenigen, die die Erkenntnis verweigerten, dass sie stinknormale Sünder sind wie alle anderen. *Das Einzige, was er ausgeschlossen hat, war das Ausschließen selbst«* (Seite 47).

Um dieses Muster von Einbeziehen und Ausschließen zu vermeiden, müssen wir erkennen, was in Wirklichkeit in uns selbst vorgeht. Psychologisch gesehen sind unsere Projektionen eine der vielen Ursachen dafür, dass wir andere immer wieder verurteilen – selbst wenn wir uns bemühen, es nicht zu tun. Wir verschließen die Augen vor den Charaktereigenschaften, die nicht in unser idealisiertes Selbstbild passen; aber wenn wir diese Eigenschaften bei anderen erkennen, reagieren wir heftig darauf. Indem wir projizieren, weigern wir uns, uns mit den eigenen ungeliebten Anteilen zu beschäftigen. Wir wollen uns ihnen nicht stellen und werden wütend, wenn sie an anderen sichtbar werden.

Es ist nicht einfach, dieses Muster von Einbeziehung und Ausgrenzung zu überwinden. Daran müssen wir unser Leben lang arbeiten. Aber je eher wir uns das eingestehen und je intensiver wir uns damit auseinandersetzen, desto größer ist die Chance, dass sich in unserem Inneren etwas verändert und wir Christus »selbst in denen [sehen], *die dich nicht mögen,* und in denen, *die nicht so sind wie du«* (Seite 51). Mehr noch: Es kann dann sein, dass wir anfangen, diesen Satz wirklich zu hören und ihm zu vertrauen: »Du bist ein Kind Gottes und wirst es immer sein, selbst wenn du es nicht glaubst« (Seite 51).

ZUM NACHDENKEN

1. Denke an eine Situation, in der du eine Person ausgeschlossen hast, weil dir etwas an ihr nicht gefiel (zum Beispiel, dass dieser Mensch immer zu spät kam oder alle Gespräche dominierte). Wie hat sich diese Erfahrung der Ausgrenzung auf diesen Menschen ausgewirkt? Und wie auf dich selbst?

2. Auf welche Weisen hast du dich von anderen einbezogen gefühlt? Wähle ein passendes Beispiel aus und schreibe es in allen Einzelheiten auf, an die du dich erinnern kannst – nicht nur das, was passiert ist, sondern auch, was du dabei empfunden hast, auch über die konkrete Situation hinaus.

3. Wenn du über diese Situationen des Ausgeschlossen- und Einbezogenseins nachdenkst, versuche, bei einer »konkreten Begegnung« (Seite 43) zu bleiben. Vertraue deinem Bauchgefühl und lass dich von deiner Intuition leiten.

- Wenn dir beim Lesen dieser Übung Gedanken und Erkenntnisse kommen, kannst du sie in deinem Tagebuch aufschreiben.
- Wenn du emotional aufgewühlt bist, kannst du dich beruhigen, indem du deine Lieblingsmusik hörst oder einen Spaziergang in der Natur machst.
- Falls du den Wunsch hast, dich auszutauschen, nimm Kontakt mit einem alten Freund oder Bekannten auf.
- Wenn du Unterstützung oder Beratung brauchst, sprich mit jemanden aus deiner Familie, einem Freund oder einer Freundin, der du vertraust, oder hole dir professionelle Hilfe (zum Beispiel von einem Coach oder einer Beraterin).

11. Übung: Unsere Erfahrung als Mensch

»Paulus [hat], wie wir, Jesus niemals ›im Fleisch‹ gekannt ... Wie Paulus kennen wir den Christus ausschließlich durch Wahrnehmung und Würdigung unserer eigenen Tiefenerfahrung als Menschen.«

(Seite 57)

Ich hatte einmal die Gelegenheit, mehrere der Stätten rund um den See Genezareth zu besuchen, an denen Jesus seine Lehre verkündet hat. Die Aufregung darüber zusammen mit der brütenden Hitze führten dazu, dass ich in unserem Zelt lag und nicht schlafen konnte. Ich ging deshalb an das Ufer, blickte über den See auf die Lichter von Tiberias, legte mich in den warmen Sand und schaute hinauf zu den Sternen. Ich dachte darüber nach, wie großartig es gewesen wäre, Jesus als Mensch zu begegnen oder eine Nacht lang mit ihm und seinen Freunden zum Fischen hinauszufahren. Es wäre so viel einfacher, mich mit ihm zu verbinden, wenn ich ihn persönlich getroffen hätte.

Aber selbst Paulus war es nicht beschieden, Jesus leibhaftig kennenzulernen. Stattdessen musste er sich für seine spirituelle Transformation auf ein inneres Bewusstsein des Christus verlassen. Richard Rohr betont, dass die gewaltige Veränderung im Leben von Paulus – seine Begegnung mit Christus hat die Art, wie Paulus die Welt gesehen hat, auf den Kopf gestellt – uns allen zugänglich ist. »In der Geschichte des Paulus finden wir jenes archetypische spirituelle Muster, *demzufolge sich Menschen von dem wegbewegen, was sie vermeintlich schon immer wussten, und hin zu dem, was sie jetzt erst vollständig erkennen*« (Seite 54).

Der Weg, auf dem wir Christus auf diese kraftvolle Weise kennenlernen können, liegt nach Richard Rohr ausschließlich in der »Wahrnehmung und Würdigung unserer eigenen Tiefenerfahrung als Menschen« (Seite 57).

Für manche ist das eine aufregende und zugleich vertraute Perspektive, die sie gerne verfolgen wollen. Für andere wiederum kann sie entmutigend sein.

Eine Aussage wie »Ich bin niemals von Gott getrennt gewesen, noch kann ich es je sein, es sei denn in meinem Kopf« (Seite 60), spricht manche in ihrem ganzen Wesen an. Andere aber weisen eine solche Aussage scharf zurück. Sie sagen: »Das ist nicht richtig«, oder fragen: »Ist es mir erlaubt, so zu denken?« Wenn wir viel Zeit in einem Umfeld verbracht haben, in dem es nicht gern gesehen ist, unterschiedliche Perspektiven zu erkunden und Haltungen auszuprobieren, kann eine neue Idee wie eine Bedrohung erscheinen. Und das ist völlig unabhängig davon, ob dieses Umfeld religiös ist oder nicht.

Einige von Richard Rohrs Worten und die Übungen zum Nachdenken in diesem Buch werden vielleicht Emotionen wecken, die wir lieber unterdrücken würden. Es können sogar körperliche Empfindungen auftreten, wie etwa ein flaues Gefühl oder Kurzatmigkeit, mit denen unser Körper uns sagt, dass unsere Seele sich nicht sicher fühlt. In diesem Fall müssen wir freundlich mit uns selbst sein und behutsam vorgehen. Aus persönlicher Erfahrung und auch aus meiner Arbeit weiß ich, dass eine sinnvolle und gesunde innere Veränderung ein Umfeld braucht, in dem wir uns ganz und gar sicher und geborgen fühlen.

Ich möchte dich ermutigen, bei der weiteren Lektüre dieses Buches darauf zu achten, wie du auf die Zitate und die Übungen reagierst. Beobachte und wertschätze deine »eigene Tiefenerfahrung als Mensch«. Nimm wahr, wovor du zurückschreckst. Nimm wahr, was dich anspricht. Und erinnere dich immer wieder daran: »Ich bin niemals von Gott getrennt gewesen, noch kann ich es je sein, es sei denn in meinem Kopf« (Seite 60).

ZUM NACHDENKEN

Nimm dir Zeit, das folgende Zitat zwei- oder dreimal zu lesen:

»*En Christo* (griech.) scheint das paulinische Codewort für *die gnadenhafte Teilhabe- und Heilserfahrung* zu sein, für jenen Weg, den er der Welt so leidenschaftlich mitteilen wollte. Pointiert ausgedrückt bedeutet das, *dass die Menschheit niemals von Gott getrennt war* – es sei denn durch ihre eigene Entscheidung. Wir alle leben ausnahmslos *innerhalb* einer gemeinsamen kosmischen Identität, die bereits vorhanden ist und uns antreibt und leitet. Wir alle sind bereits *en Christo*, freiwillig oder unfreiwillig, glücklich oder unglücklich, bewusst oder unbewusst« (Seite 58).

Dann halte inne und denke darüber nach:

1. Welche Worte haben dich am meisten angesprochen? Nimm dir einige Minuten Zeit, sie aufzuschreiben.

2. Was hast du empfunden? Vielleicht ist es Erleichterung über die Erkenntnis, dass du nie von Gott getrennt warst, oder Frustration darüber, dass diese Botschaft dem widerspricht, was du glaubst. Du brauchst nicht zu verstehen, warum du so fühlst. Schenke deinen Gefühlen einfach deine Aufmerksamkeit.

3. Gab es körperliche Empfindungen, während du das Zitat gelesen hast? Nimm sie wahr und schreibe sie für dich selbst auf.

4. Nimm dir am Schluss einige Augenblicke Zeit, um alles aufzuschreiben, was dir gerade jetzt in den Sinn kommt – egal, ob es etwas mit den obigen Fragen zu tun hat oder nicht.

12. Übung: Gottesbild, Liebe und Leiden

»Du neigst dazu, einen Gott zu erschaffen, der dir gleicht – obwohl es genau umgekehrt gemeint war. ... Gott hält in der Tat kaum jemals an der Kontrolle fest. ... Jede Art von echter Gotteserfahrung wird sich in der Regel wie Liebe anfühlen oder wie Leid oder wie beides gleichzeitig.«

(Seite 68)

In Filmen und der populären Kultur gibt es viele Beispiele für religiöse Menschen, die einen Gott erschaffen haben, der ihnen gleicht. Manche sind wunderschön, wie etwa der weise und fürsorgliche Bruder Gabriel in dem Film *Mission* (1986) oder der fromme und prinzipientreue Sportler Eric Liddell in *Die Stunde des Siegers* (1981). Viele andere Beispiele dagegen zeigen das Bild eines Gottes, der alles fest unter Kontrolle haben möchte, ganz gleich, wie negativ sich das auf andere auswirkt. Dazu gehören der moralisierende Reverend Moore in *Footloose* (1984) und Hilary Faye Stockard in der satirischen Komödie *Saved! – Die Highschool Missionarinnen* (2004). In einer Szene wirft Hilary Fayes Freundin ihr vor, nicht einmal die einfachsten Dinge über die Liebe zu wissen. Hilary schreit daraufhin wütend, sie sei erfüllt von Christi Liebe und wirft dann eine Bibel auf ihre Freundin.

Was wir mit den Worten »Gott« und »Jesus Christus« verbinden, steht in direktem Zusammenhang mit den Erfahrungen, die wir mit dem Christentum in unserer Kultur und in unserer unmittelbaren Umgebung gemacht haben. In Kapitel 6 erzählt Richard Rohr von C. G. Jung. Dessen Vater und fünf seiner Onkel waren Pfarrer der Reformierten Kirche in der Schweiz. Jung erlebte sie »allesamt als unglückliche und ungesunde Männer« (Seite 108), was ihn dazu bewegte, sich von der Auffassung des Christentums, für die sie standen, zu lösen. Richard Rohrs eigene Erfahrungen mit den irischen Nonnen und Priestern, die ihn unterrichteten und sich um ihn kümmerten, als er ein kleiner Junge war, hinterließen bei ihm einen völlig anderen und vollkommen positiven Eindruck. Unsere Gottesvorstellung hängt oft davon ab, was uns in unserer Kultur und Gesellschaft vorgelebt wird und wie sehr wir uns mit diesen Vorbildern verbunden fühlen.

Richard Rohr betont: »Der Christus, insbesondere wenn er und Jesus als Zwillinge auftreten, verkörpert die klare Botschaft von einer *universalen Liebe und von notwendigem Leiden als das göttliche Muster«* (Seite 68). In Jesus Christus zeigt Gott ein Vorbild für Hingabe und Liebe, Loslassen von Kontrolle und das Zulassen von großem Leid, damit etwas Neues entstehen kann. Das entspricht genau dem Muster der spirituellen Transformation (Übung 2), das archetypisch beschreibt, wie wir im Laufe der Zeit universelle Liebe und notwendiges Leid erfahren.

Richard Rohr schreibt, dieses Muster wurzle in »der Trinität, wo von *Gott* die Rede ist, *der sich unendlich verströmt und entäußert*. Wie drei Fässer einer Wassermühle hält dieser Prozess den Flow ewig in Gang – innerhalb und außerhalb Gottes und in eine eindeutig positive Richtung« (Seiten 68).

Manche haben Gott oder das Christentum aufgegeben, weil sie nicht mit dem sich selbst entleerenden Teil gerechnet haben. Wir haben uns nicht dem »notwendigen Leiden« verschrieben und wir waren nicht auf einen tiefgreifenden Kontrollverlust vorbereitet. Ich erinnere mich an einen Dozenten für Kirchengeschichte, der erklärte, dass die Vorbereitung auf die Taufe im frühen Christentum bis zu drei Jahre dauern konnte. Die Leiter der jungen Kirche wollten sichergehen, dass die Taufbewerber wirklich wussten, worauf sie sich einließen: auf einen Weg des Abstiegs und des Loslassens. Man wurde auf den Tod getauft.

Aber wenn diese Botschaft nicht klar genug vermittelt wird, können alle unsere Erfahrungen von Trauer, Krankheit, Zerwürfnissen, Einsamkeit und dem Verlust von Freunden oder dem Arbeitsplatz leider dahin führen, das wir unseren Glauben infrage stellen. Und wenn wir uns mit Menschen und Verhältnissen umgeben, die nur die Überwindung, die Auferstehung und die positiven Seiten der Neuordnung im Blick haben, ist es schwer, in unserer Spiritualität oder unserem Lebensplan einen Platz für das Leiden zu finden. Richard Rohr erinnert uns aber daran, dass Verlust und Leiden zwei der wichtigsten Wege sind, die Gott benutzt, um uns zu tieferer Intimität und Reife zu führen.

»Nur große Liebe und großes Leiden sind stark genug, um die Schutzmechanismen unseres herrischen Egos zu knacken und uns für eine genuine Transzendenzerfahrung zu öffnen« (Seite 68).

ZUM NACHDENKEN

»Unsere Kreise neigen dazu, im Laufe des Lebens entweder zu expandieren oder immer enger zu werden. ... Unsere frühen Beziehungsmuster bestimmen, sobald sie festliegen, die Bewegungsabläufe unseres gesamten Lebens. Wenn wir von Haus aus skeptisch und misstrauisch sind, wird unser Fokus immer enger werden. Wenn wir voller Hoffnung und Vertrauen sind, wird sich unsere Perspektive fortwährend erweitern« (Seite 68f).

1. Mit welchen Begriffen würdest du dein Gottesbild zu beschreiben?

2. Auf welche Weise haben Menschen in deiner Umgebung dieses Bild geprägt?

3. Würden andere dich als jemanden charakterisieren, dessen Kreise der Zugehörigkeit sich im Lauf deines Lebens erweitern oder verengen?

13. Übung: Ursprüngliche Güte

»[D]ie meisten der großen Weltreligionen [beginnen] in ihren Schöpfungsgeschichten mit einem gewissen Gespür dafür, dass am Anfang alles gut war. Die jüdisch-christliche Tradition tat das besonders schön und gezielt, indem uns der Bericht der Genesis mitteilt, dass Gott selbst die Schöpfung fünfmal als *gut* bezeichnet hat (Genesis/1. Mose 1,10–20) und am Ende sogar als ›sehr gut‹ (2,15). … Aber nach Augustinus schaltete die christliche Theologie vorrangig von der positiven Vision in Genesis 1 zu der dunkleren Vision von Genesis 3 um – zum sogenannten Sündenfall oder, wie ich es nenne, zum ›Problem‹. Anstatt Gottes Meisterplan für die Menschheit und die Schöpfung zu begrüßen …, machten Christen unser Bild sowohl von Jesus als auch von Christus immer kleiner, und unser ›Erlöser‹ wurde nichts als eine reichlich spät gezündete ›Antwort‹ auf das Problem der Sünde, ein Problem, das wir weitgehend selbst kreiert hatten.«

(Seite 80)

Als Teenager lastete die Angst vor der Erbsünde schwer auf mir. Das hing mit meinem negativen Selbstbild und meiner sehr an Regeln, Geboten und Verboten orientierten Erziehung zusammen und auch mit der aus Genesis und den Schriften Augustins stammenden Idee, dass der Mensch von Natur aus gefallen und beschädigt sei. Ich wandte mich von meinem Glauben ab, weil ich den Verhaltensansprüchen, die er mir scheinbar stellte, nicht gerecht werden konnte. Zudem konnte ich nicht erkennen, wie Liebe, Freude und Frieden, von denen im Gottesdienst die Rede war, etwas mit meinen alltäglichen Erfahrungen von wechselnden Freundschaften, familiären Probleme und dem Druck in der Schule und im Leistungssport zu tun haben sollten. Erst während meiner letzten Highschool-Exerzitien begann ich wirklich zu verstehen, wie ein gläubiger Mensch aus einer anderen Perspektive leben kann als mit der auf Sünde ausgerichteten Sicht von Genesis 3.

Bruder Frank, der Hochschulseelsorger, verkörperte eine die Welt bejahende Sicht von Genesis 1. Er sah alle Menschen als gut an, alle Kreativität als vom Göttlichen ausgehend und alle unsere besten Absichten als Einladung des Heiligen Geistes in die tiefere Intimität mit einem Gott, der uns vollkommen liebt. Seiner Auffassung nach gibt es kein Wenn und Aber und keine Bedingungen für Gottes Liebe. Das war für mich ein erschütternder Perspektivenwechsel. Ich kämpfte gegen ihn an und stellte ihn immer wieder infrage, gab aber dennoch langsam mein auf Angst gründendes Gottesbild und mein damit einhergehendes negatives Selbstbild auf. Ich musste viel lesen und es waren viele Diskussionen mit Bruder Frank notwendig, bis ich mich von meiner Fixierung auf Genesis 3 löste und mich der Perspektive von Genesis 1 zuwandte, bei der die ursprüngliche Güte Gottes im Mittelpunkt steht.

Im Lauf der Jahre unserer Freundschaft erlebte ich, wie dieser schmächtige, stille Mann in seinen Siebzigern gegen Bischöfe und Erzbischöfe antrat, die LGBTQ-Community innerhalb der Kirche verteidigte, sich für die Integration von Flüchtlingen einsetzte und die, die die Macht hatten, aufforderte, den Armen genauso gerecht zu werden wie den Reichen. Er hat mir vor Augen geführt, wie gut und liebevoll Gott mit uns umgeht.

Eines Abends, nachdem sich wieder ein Schwall meiner theologischen Fragen über ihn ergossen hatte, lachte Bruder Frank und sagte: »So sehr bin ich seit meiner Seminarzeit nicht mehr ins Detail gegangen! Die Theologie ist wichtig, aber noch viel wichtiger ist die Spiritualität! Die wird dich dein ganzes Leben lang begleiten.« An diesem Abend hat es bei mir Klick gemacht. Im Lauf der folgenden Jahre begann ich, Praktiken auszuprobieren, die mir helfen konnten, meine sich entwickelnden theologischen Überzeugungen zu »verkörpern«: vom kontemplativen Sitzen bis zum Gehen durch ein Labyrinth; von vierteljährlichen Exerzitien über das Tagebuchschreiben bis zum Engagement in Hilfsprojekten. Ich entfernte mich davon, nur die intellektuellen Aspekte der Theologie zu betonen, und entwickelte mich im Alltag und in der Spiritualität hin zu einem ganzheitlicheren Ansatz.

Sogar heute noch, wo unsere Kindheit Jahrzehnte zurückliegt, ringen einige meiner engen Freunde immer noch darum anzunehmen, dass sie von Grund auf gut und ewig liebenswert sind. Bei einigen hat dies dazu geführt, dass sie ihren Glauben ablegten. Dass in ihren Glaubensgemeinschaften die Sünde so sehr betont wurde, erzeugte mehr Scham- und Schuldgefühle, als sie ertragen konnten.

Ganz im Gegensatz dazu erinnert uns Richard Rohr sehr schön daran, dass »die ursprüngliche Metapher für die Schöpfung ein Garten [war], was von Haus aus positiv, schön und lebendig ist, ein Ort, der ›bebaut und bewahrt‹ werden sollte (Gen 2,15), und in dem sich Menschen nackt bewegen konnten, ohne sich zu schämen« (Seite 80).

Welchen Unterschied würde es in unserem eigenen Leben, in unseren Gemeinschaften und in unserer ganzen Gesellschaft machen, wenn wir uns diese wunderschöne Vision vollkommen zu eigen machen könnten? Wir würden Gottes ursprüngliche Güte viel deutlicher erfahren, sowohl in uns selbst als auch in der Welt um uns herum.

ZUM NACHDENKEN

1. Beschreibe das Gottesbild aus der Weltsicht von Genesis 3 und Genesis 1. Denke dabei nicht zu viel nach und vertraue deiner Intuition.

GENESIS 3 – konzentriert auf den Sündenfall und das Problem der Sünde	GENESIS 1 – konzentriert auf ursprüngliche Güte, in der die Menschen ohne Scham leben können
• z.B. Gott verlangt von mir Perfektion.	• z.B. Gott glaubt an mich und vertraut meinen guten Absichten, selbst wenn ich aus einer Haltung der Angst oder Urteils heraus lebe.

2. Wie hast du diese beiden Weltsichten in deinem täglichen Leben erfahren? Auf welche Weisen haben sie dein Selbstbild und deine Wahrnehmungen anderer beeinflusst? Denke beim Antworten nicht zu viel nach und vertraue deiner Intuition.

GENESIS 3 – konzentriert auf den Sündenfall und das Problem der Sünde	GENESIS 1 – konzentriert auf ursprüngliche Güte, in der die Menschen ohne Scham leben können
• z.B. Ich verlange von den Menschen in meinem Umfeld Perfektion.	• z.B. Ich vertraue auf die guten Absichten von Fremden, denen ich begegne, auch wenn sie schwierig erscheinen.

Während du über das nachdenkst, was du geschrieben hast, notiere dir auch alle Wünsche, die du für die Zukunft hast. Es könnte vielleicht hilfreich sein, über deine Antwort zu beten oder sie in dein Tagebuch einzutragen.

14. ÜBUNG: DIE STUFENLEITER DES SEINS

»Um zur Gottesliebe emporzusteigen, fange bei den bescheidensten und kleinsten Dingen an. … Fang nicht damit an zu versuchen, Gott oder auch nur Menschen zu lieben; liebe erst einmal Felsgestein und Naturelemente, beweg dich dann weiter zu Bäumen, dann zu Tieren und erst am Ende zu Menschen. … Es könnte tatsächlich die einzige Methode sein zu lieben, *denn so, wie wir eine Sache machen, so machen wir alles.«*

(Seiten 74–75)

Anhand der Werke des heiligen Bonaventura und anderer bringt Richard Rohr die mittelalterliche Vorstellung, sich mit Gott durch eine »Stufenleiter des Seins« zu verbinden, wunderschön zum Ausdruck. Die mittelalterlichen Mystiker empfanden intuitiv, was die neuere Forschung gezeigt hat: dass die Verknüpfungen in unseren Gehirnen und Körpern so gestaltet sind, dass wir Ehrfurcht vor der Natur, Kunst und insbesondere der Musik empfinden können.[16] Erinnerst du dich an die Erfahrung einer felsigen Landschaft, eines vom Wind geschüttelten Waldes oder eine Begegnung mit Tieren oder Menschen, die dir geholfen hat, dich geerdet und mit der Welt verbunden zu fühlen? Vielleicht gab es einen Moment, in dem ein Musikstück, eine Live-Performance oder ein Kunstwerk dich dazu inspiriert hat, innezuhalten und dich ganz der Schönheit und dir selbst zu widmen. Welche Wirkung hatte das?

So schön diese Erfahrungen auch sein mögen: In diesen einfachen Momenten nach der Verbindung mit Gott zu suchen kann denjenigen ketzerisch vorkommen, die aus einem Umfeld kommen, in dem vor allem intellektuelle Überzeugungen, theologische Erklärungen und die Übereinstimmung mit der Gruppe als Zeichen wahrer Spiritualität gelten.

Als ich angefangen habe, die Bibel zu lesen, entwickelte ich eine so beschränkte Weltsicht, dass ich kaum in der Lage war, Gott auf der Stufenleiter des Seins zu erfahren. Wunderbare Erfahrungen mit der Natur, der Kunst und menschlicher Güte waren zwar schön und gut, aber ich schob sie beiseite zugunsten der Theologie und des Glaubens, die ich für viel wichtiger hielt. Rückblickend ist mir klar geworden, dass ich eine Erlaubnis dafür brauchte, es in Ordnung zu finden, bei der Betrachtung von Felsen und Bäumen und in der Begegnung mit Tieren und anderen Menschen ein Gefühl des Staunens und der Ehrfurcht vor Gott zu erleben.

Dies alles kam für mich zum ersten Mal zu dem Zeitpunkt zusammen, als mich jemand zum Segeln einlud. Ich wurde ganz vorne aufs Boot geschickt, wo ich meine Beine über den Bug in den Wellen baumeln ließ. Die freudige Erregung über das Dahingleiten des Bootes, das Brausen des Windes und die salzige Gischt gaben mir das Gefühl, ungemein lebendig und voller Liebe für die ganze Welt zu sein. Dann kamen die Delfine. Ich konnte ihre neugierigen Augen sehen, während sie schwammen und hochsprangen und zu mir hochschauten. Ich dachte: *Das ist ein Wunder! In all dem ist Gott!* Von da an fügten sich für mich die Glieder der Stufenleiter des Seins immer mehr zusammen.

Hast du schon einmal erlebt, dass du dich unerwartet in einer schlichten Erfahrung wiedergefunden hast, die dich zu einem tieferen Gefühl der Ehrfurcht und Liebe zu Gott führte?

Viele Menschen haben die meiste Zeit das Gefühl, von der großen Stufenleiter des Seins getrennt zu sein.

Wir sind so sehr von unseren Alltagssorgen und unserer chronischen Geschäftigkeit in Beschlag genommen, dass Stunden, Wochen oder sogar Monate vergehen können, ohne dass wir jemals Gott in den kleinsten Kettengliedern des Seins erkennen. Aber irgendwann kann uns ein Musikstück, ein Bad im Meer, die Majestät einer uralten Eiche oder die Wärme eines lieben Menschen doch wachrütteln, das »gesamte Heilige Universum« wahrzunehmen, das hier und jetzt und in jedem Moment erreichbar ist (Seite 75): Unsere Liebe zu Gott geht über die Grenzen der Theologie hinaus und erkennt die göttliche Gegenwart in »den *bescheidensten und einfachsten Dingen*« (Seite 74).

ZUM NACHDENKEN

»Alles, was dich – ganz praktisch gesehen – auf positive Weise von dir selbst wegzieht, wirkt in diesem Augenblick für dich wie Gott. Wie sonst kann die Reise beginnen? Wie sonst wirst du vorwärtsgetrieben, nun nicht aufgrund hohler Glaubenssätze, sondern aufgrund innerer Lebendigkeit? Gott braucht etwas, womit er dich dazu verführen kann, aus dir herauszutreten und dich selbst zu überschreiten, und dazu benutzt Gott mit Vorliebe dreierlei: Güte, Wahrheit und Schönheit. Alle drei haben das Potenzial, dich in eine Einheitserfahrung hineinzuziehen« (Seite 70).

1. Erinnere dich daran, wann ein Element der Stufenleiter des Seins dir geholfen hat, das »gesamte Heilige Universum« zu sehen (Seite 75). Vielleicht war es die Güte eines anderen Menschen, der dich wirklich inspiriert hat, oder etwas, das du gelesen, gehört oder beobachtet hast, dessen Wahrheit eine tiefe Resonanz in deiner Seele hervorrief: ein wunderschönes Musikstück oder ein Werk der Literatur oder irgendeine Naturerfahrung, die dich mit Staunen erfüllt hat.

2. Schreibe auf, was diese Erfahrung mit dir gemacht hat; wie sie dich von dir selbst weg und hin zur Liebe gezogen hat.

15. Übung: Aufwachen zur Liebe

»Purer Gehorsam ist häufig ein Ausweichen vor tatsächlicher Liebe. Gehorsam befasst sich in der Regel mit Aufräumen, Liebe mit Aufwachen.«

(Seite 94)

Richard Rohr schreibt, dass Religion »in ihrer Anfangsphase [dazu] neigt …, das Aufräumen zu betonen, das heißt, dass sie bestimmt, wer in Sachen Moral und Dogma den Anforderungen gerecht wird« (Seite 93). Wenn wir uns auf diese Weise auf Gott einlassen, kann darin zum Ausdruck kommen, das wir anfangen, alles Heilige zu ehren und zu respektieren, und einen anderen Weg einschlagen als den, den wir bisher gegangen sind. Nachdem wir dem Göttlichen begegnet sind, wächst in uns vielleicht der Wunsch, unser Verhalten und unseren Lebensstil grundlegend zu verändern. Aber manchmal kann sich im Kern dieser Konzentration auf das Aufräumen eine Art Pflichtgefühl verbergen.

Während manchen Pflichtgefühle fremd sind, denken andere vielleicht, dass sie in ihrer Gemeinde aktiv sein müssen, um Christ zu sein, oder irgendwie zeigen müssen, dass sie ein guter Mensch sind. Dies gilt für kleine Kinder, die sich in der Kirche von ihrer besten Seite zeigen, wie auch für Erwachsene, die sich verpflichtet fühlen, so zu beten und zu gehorchen, wie sie meinen, dass es erwartet wird. Schuldgefühle, Bedauern, Angst oder Pflichtgefühl können dazu führen, dass Kinder oder Erwachsene sich nicht liebenswert fühlen, wenn sie *nicht* aufräumen oder sich anders verhalten, als man es von ihnen erwartet. Das ist ein normaler Schritt auf dem Weg in Richtung spiritueller Reife, aber es ist nur der erste Schritt.

Im fünften Kapitel mit dem Titel »Liebe ist der Sinn« schreibt Richard Rohr über den nächsten Schritt auf dieser Reise: »Sobald man aufwacht, so wie es Jesus und Papst Franziskus getan haben, weiß man, dass das Großreinemachen ein fortwährender Prozess ist, der allerdings für unterschiedliche Menschen zu unterschiedlichen Zeiten angesagt ist, und bei dem es je nach Person um ganz unterschiedliche Themen und Motive gehen kann. Deshalb erfordern Liebe und Wachstum Unterscheidungsvermögen anstatt Zwangsvollstreckung« (Seite 94).

Wie alle Bewegungen in unserem spirituellen Leben kann der Übergang vom Aufräumen zum Aufwachen schwer zu fassen sein. Wir erleben ihn vielleicht als ein »Lockern der Schrauben«, ein Aufweichen einiger der Regeln, um deren Einhalten wir uns bemüht hatten, während wir gleichzeitig in eine tiefere Erfahrung großer Liebe hineingezogen werden. Wenn wir auf dieser Reise unterwegs sind, dürfen wir uns von Richard Rohr erinnern lassen, »dass *Gott dich liebt, indem er du wird* und indem er in jenem inneren Streit zwischen Selbstanklage und Selbstverteidigung immer deine Partei ergreift«, und dass Gott »deine Persönlichkeit von innen durch einen *ständigen Zuwachs an Freiheit*« entfaltet (Seite 102).

Dieses wachsende Gefühl der Freiheit ist ein entscheidendes Zeichen dafür, dass wir aufwachen. Aber es stellt sich nicht einfach durch eine Art klösterliche

Introspektion ein. Richard Rohr hat beobachtet, dass die meisten Menschen »ein Liebesobjekt« brauchen: »Alle von uns brauchen jemanden oder etwas, um unser Herz mit unserem Kopf zu verbinden« (Seite 95). Wir brauchen etwas, das uns aus uns selbst herauszieht, weg von den Ritualen und Regeln des Aufräumens und hin zu einer größeren Geschichte des Gebens und Empfangens tiefer Liebe.

Es kann sein, dass wir unser ganzes Leben über bei ein und demselben Liebesobjekt bleiben, oder dass wir im Lauf der Jahre die Erfahrung einer Vielzahl von Liebesobjekten machen. Ich habe Freunde gekannt, deren Liebesobjekte vom Studium der Geschichte bis zur Liebe zu ihrem Hund, von der Gaming-Community bis zum Dienst als Arzt in Kriegsgebieten rund um den Globus reichten. Ihre tiefe Liebe zu jedem dieser »Nordsterne« verwurzelte sie, »indem sie Fokus, Orientierung, Motivation und sogar Freude erzeugt« (Seite 95), manchmal gerade dann, wenn es im Leben wenig anderes gab.

Meine erste Erfahrung mit einem Liebesobjekt war die Bibellektüre in meiner späten Teenagerzeit. Jedes Mal, wenn ich eine neue Passage las, fühlte ich mich lebendig, verbunden, konzentriert und als Teil von etwas, das größer war als ich. Etliche Jahre später entwickelte sich mein Studium der italienischen Sprache und Kultur zu einem weiteren Liebesobjekt. Ich konnte Gottes Liebe in jedem Espresso empfinden, den ich auf der sonnigen Piazza genoss, in jedem Glas Wein, das ich mit Freunden am See trank, und in jeder Opernarie, die ich während meiner Zeit in Verona hörte. Mit der Zeit wurde meine Frau zu meinem wichtigsten Liebesobjekt. Als wir uns kennenlernten und später heirateten, wurde es für mich zu einer zutiefst transformierenden Erfahrung, sie zu unterstützen und ihr meine Zeit und Energie zu widmen. Ihre Liebe zu mir gab mir Sicherheit und stärkte mein Selbstvertrauen. Sie zog mich aus mir selbst heraus, um sie immer mehr zu lieben. Jetzt, da wir die Tritte unseres ersten Kindes spüren, ahnen wir beide, dass unser Baby das nächste bedeutende Liebesobjekt sein wird, das uns mit Gottes immerwährender Liebe verbindet.

Unser Bedürfnis nach einem Liebesobjekt, »das dann zum ›Subjekt‹ werden wird«, wie Richard Rohr schreibt, repräsentiert den »Gottesinstinkt, den wir auch ›das Bedürfnis zu huldigen‹ nennen könnten« (Seite 95). Und mit einem Verweis auf den Sufi-Dichter Rumi schreibt er: »Wir brauchen zumindest *einen* Platz, wo wir ›niederknien und den Boden küssen‹ können« (Seite 96).

ZUM NACHDENKEN

»Wenn ich mir Dinge und Personen vergegenwärtige, die ich im Lauf meines Lebens zu lieben versucht habe ..., müsste ich [im Rückblick] sagen: ›Sie haben mich veranlasst, das zu tun!‹ Es waren die ihnen innewohnende Güte, Schönheit oder Verwundbarkeit, ihre profunde Aufrichtigkeit oder ihr großzügiger Geist, die mich aus mir selbst heraus und gleichsam in ihre Arme katapultiert haben« (Seite 99).

1. Wer oder was war für dich in der Vergangenheit Objekt deiner Liebe?

2. Wer oder was ist heute für dich ein Liebesobjekt?

3. Schreibe eine Erfahrung auf, bei der ein Liebesobjekt in dir die Erfahrung von Schönheit, Güte oder Liebe geweckt hat.

16. Übung: Leiden

»Christus [ist] eine universell vernehmbare ›Stimme‹, die alle Dinge aufruft, *ganz sie selbst und sich selbst ganz treu zu sein*. Gottes zwei Hauptwerkzeuge, die in diese Richtung führen, scheinen allem Augenschein nach große Liebe und großes Leid zu sein – und oftmals eine *große Liebe*, die *vorhersehbar* zu großem Leid führt.«

(Seite 107)

Die meisten Menschen erleben regelmäßig ein gewisses Maß an Leiden: vom Scheitern von Beziehungen bis zu beruflichen Enttäuschungen, von finanziellen Schwierigkeiten über Gesundheitsprobleme bis zu schweren Traumata. Zusätzlich zu diesen mehr oder weniger alltäglichen Schwierigkeiten machen Menschen die Erfahrung von strukturellen Ungerechtigkeiten wie Rassismus, Sexismus, Altersdiskriminierung und unzählige andere.

In einer Gesellschaft, deren wirkmächtigstes Narrativ es ist, dass wir ein Recht darauf haben, Spaß zu haben, glücklich und erfolgreich zu sein, kann die Erfahrung von Leid in tiefe Verunsicherung führen. In vielen Fällen wird die Verunsicherung noch dadurch verschlimmert, dass der Schmerz am Leiden gesellschaftlich heruntergespielt oder gar geleugnet wird.

Richard Rohr betont dagegen, dass wir an einem gewissen Punkt unser Leiden anerkennen, uns mit ihm beschäftigen und es dann zulassen müssen, dass Christi »universal wahrnehmbare ›Stimme‹« in unserem Leiden zu uns spricht.

»Das äußerste Paradox des Lebens besteht darin, dass diese Stimme Christi genau in dem – und neben dem – wirkt, was ausschließlich unvollkommen und unwahr erscheint! Gott besteht darauf, das scheinbar Negative einzubeziehen. Zweifelsohne lässt Gott Leid zu. Ja, *Gott scheint uns nicht durch Eliminierung der Hindernisse auf den Pfad zu unserer Ganzwerdung zu senden, sondern indem er diese Hindernisse einbezieht*« (Seite 107f).

Als Teenager führte mich meine Depression ganz an den Rand meiner selbst und sogar fast darüber hinaus. Ich sah nur noch die negativen Botschaften, die ich durch Enttäuschungen und schwierige Beziehungen erhalten hatte, und sie führten mich in eine tiefe Verachtung meiner selbst. Ich hielt mein Leben für sinnlos. Es brauchte viele Jahre der Heilung, bis ich überhaupt nur damit *anfangen* konnte, mich so, wie ich war, wohlzufühlen.

Richard Rohr schildert, wie die jüdische Autorin Etty Hillesum inmitten des großen Leids während des Zweiten Weltkriegs ihre sinnlichen und spirituellen Erfahrungen zu integrieren vermochte. Trotz der Tatsache, dass sie in einem Konzentrationslager interniert wurde, wo sie auch starb, schenken ihre Notizen aus ihren letzten Jahren Leser*innen heute überraschende Einblicke in die Vertrautheit der Autorin mit Gott und in ihre tiefe Innerlichkeit. Ettys Fähigkeit, inmitten ihres eigenen Leids Liebesobjekte sowie die Schönheit der ersten Inkarnation, der Schöpfung, zu sehen, ist ein Beispiel für das, was der heilige Bonaventura als das »Zusammenfallen von Gegensätzen« bezeichnete (Seite 107): die Fähigkeit, in der eigenen Alltagserfahrung die Spannung zwischen Leiden und Liebe auszuhalten.

Es ist verführerisch, unser Leiden abschütteln zu wollen, ihm aus dem Weg zu gehen oder es gar zu leugnen. Da kann es eine ganze Weile dauern, bis man akzeptiert, dass es zum Leben gehört, und es die realistischste und aufrichtigste Lebensweise ist, Leid bewusst wahrzunehmen. Aber wenn wir erst einmal aufhören zu versuchen, unseren Schmerz zu leugnen, und damit anfangen, uns unserem Leiden zuzuwenden, können wir wirklich vernehmen, was es uns zu sagen hat. Im Lauf der Zeit können wir vielleicht sogar Augenblicke der Hoffnung und ein Aufblitzen von Freiheit erfahren. Unser Schmerz oder unser Empfinden von Ungerechtigkeit kann zu etwas viel Größerem werden, zu etwas, das uns verwandelt. Stellen wir uns unserem Schmerz, so sind wir besser dazu in der Lage, Opfern, Tätern und ganzen Systemen zu helfen, sich ihrem Schmerz zu stellen.

IN DER EIGENEN KOMFORTZONE BLEIBEN UND DABEI ÜBER PERSÖNLICHES LEID NACHDENKEN

Viele leben mit einem nicht gestillten Schmerz oder einem nicht geheilten Trauma, das von diesen Überlegungen hier womöglich neu geweckt werden könnte. Der Schmerz oder das Trauma können von einer Kindheitserfahrung herrühren oder von etwas, das erst kürzlich erlebt wurde. Es kann etwas sein, dessen du dir voll bewusst bist, oder es ist in dir verborgen.

Wenn das auf dich zutrifft, ist es wichtig, dass du die folgenden Reflexionen anpasst oder sie ganz weglässt. Zwinge dich nicht und fühle dich nicht verpflichtet, deine Komfortzone zu verlassen. Wenn du sehr negative Gefühle oder Empfindungen hast (wie etwa Schwindel, Wut, starkes Weinen, Hyperventilation oder das Gefühl, nicht mehr bei dir zu sein), kontaktiere bitte eine beratende, psychotherapeutische oder psychiatrische Fachkraft, die dich unterstützen kann.

Wenn du dich unerwartet getriggert fühlst, solltest du dich selbst folgendermaßen unterstützen:

- Sprich laut mit dir selbst (zum Beispiel: »Es ist alles in Ordnung. Ich bin in Ordnung. Ich bin jetzt hier und in diesem Augenblick in Sicherheit. Ich bin nicht in einer früheren Erfahrung gefangen, die nicht so sicher war.«)
- Steh auf und gehe ein paar Schritte.
- Berühre den Boden, die Erde, auf der du stehst, oder etwas, das dir ein Gefühl von Sicherheit und Beheimatung gibt (wie etwa ein Kleidungsstück oder ein kleines Andenken).
- Rieche an etwas, das schöne Erinnerungen in dir wachruft (zum Beispiel an einem Lieblingsgericht, einem Duft oder ätherischen Öl).
- Höre dir ein Musikstück an oder irgendeinen anderen Klang, der beruhigend auf dich wirkt.

- Betrachte das Foto eines Menschen oder eines Gegenstands, das schöne Erinnerungen oder positive Empfindungen in dir weckt.
- Falls du kein Foto zur Hand hast, stelle dir vor deinem inneren Auge etwas vor, das gute Erinnerungen oder positive Gefühle in dir weckt, oder sage es laut vor dich hin (zum Beispiel: »die warme Sonne, das blaue Meer, der stille Strand, der friedvolle Garten«).

Ich hoffe, dass du dich sicher und geborgen fühlst, wenn du weiter in diesem Buch liest und den Übungen folgst.

ZUM NACHDENKEN

»Gott verbirgt sich in der Tiefe und kann nicht gesehen werden, wenn wir nur an der Oberfläche von irgendetwas kratzen ... Bedenke, dass die archetypische Begegnung zwischen dem zweifelnden Thomas und dem auferstandenen Jesus (Johannes 20,19–28) in Wirklichkeit keine Geschichte ist, bei der es um die Frage geht, ob Thomas das Faktum der Auferstehung für wahr hält, sondern eine Geschichte darüber, dass jemand *gleichzeitig verwundet und auferstanden sein kann*! ... Das könnte durchaus die wichtigste seelsorgerliche Botschaft des gesamten Evangeliums sein« (Seite 141).

1. Wie bist du in der Vergangenheit mit deinem Schmerz und deinem Leiden umgegangen? Hast du zum Beispiel versucht, es zu vermeiden, es auszusitzen oder anderen die Schuld dafür zu geben?

2. Wie geht es dir jetzt? Welche Gefühle hast du? Was fühlst du in deinem Körper? Sei aufmerksam auf das, was es in diesem Moment wahrzunehmen gilt.

17. Übung: Unser Schatten

»Der Gottesarchetyp ist jener Teil von dir, der dich zu größerer Weite führt, indem du das, was ist, zutiefst akzeptierst, Gegensätze ausgleichst und deiner eigenen Schattenseite vergibst.«

(Seite 141)

Wenn wir den mutigen Schritt machen, großes Leiden und große Liebe zuzulassen, und wenn wir es erlauben, dass uns all das verwandelt, begegnen wir unvermeidlich unserem Schatten. In *Reifes Leben – Eine spirituelle Reise* definiert Richard Rohr den Schatten als »das, was du dich weigerst, an dir selbst zu sehen, und wovon du möchtest, dass andere es nicht sehen«.[17] Es ist eine ganz eigene Energie, die uns antreibt, der Welt idealisierte Bilder unserer selbst zu vermitteln. Ein idealisiertes Bild, das Jung als »persona«[18] bezeichnete, ermöglicht uns, auf Weisen gesehen zu werden, die von anderen belohnt werden und uns ein gutes Gefühl vermitteln.

»Nimm dich deshalb besonders vor jeder idealisierten Rolle und jedem Bild deiner selbst in Acht, wie das des Pfarrers, der Mutter, des Arztes, des freundlichen Menschen, des Professors, des Moralapostels oder des Leiters von diesem oder jenem. Das sind riesige *personas*, denen man gerecht werden muss, und sie halten viele Menschen in lebenslanger Verblendung. Je mehr du an einem solchen Selbstbild hängst und dir dessen gar nicht bewusst bist, desto mehr Schatten-Selbst wirst du wahrscheinlich haben.«[19]

Als ich aufwuchs, entwickelte ich die *Persona* eines Menschen, der organisiert und konzentriert jede Arbeit erledigt. Diese Art des Seins half mir, meine anstrengende und stressige Kindheit zu überleben. An meinem Arbeitsplatz kommentierten die anderen meinen geschäftigen Lebensstil und die Menge all dessen, was ich täglich erledigte. Wenn ich mit Kollegen und Teams zusammenarbeitete, drängte ich zur Eile und forderte eine klare Struktur, um große Ziele zu erreichen. Was ich nicht ausstehen konnte, war, mit Menschen zusammenzuarbeiten, die ständig ineffizient oder unorganisiert waren.

Mit zunehmender Verantwortung stand ich in dem Ruf als einer, der erfolgreich mit Führungspersönlichkeiten und Teams zusammenarbeitete (meine effiziente und effektive *persona*). Ohne dass ich es wusste, wurde ich jedoch auch als jemand gesehen, der ungeduldig und fordernd war (mein Schatten). Dabei war ich die ganze Zeit über stolz auf mein Einfühlungsvermögen und überzeugt davon, dass die Menschen bei mir an erster Stelle standen.

Es ist wichtig, sich bewusst zu machen, dass unser Schatten die Kehrseite unserer *persona* ist – der Schatten, den wir werfen, wenn wir versuchen, gut in der Welt zu leben. »Das Schatten-Ich stellt sich unvermeidlich als etwas wie Klugheit, gesunder Menschenverstand, Gerechtigkeitssinn oder ›ich tu das ja bloß zu deinem Wohl‹ vor«, schreibt Richard Rohr, »wo es in Wirklichkeit Angst, Kontrolle, Manipulation oder sogar Rache«[20] an den Tag legt. Unser Schatten kommt also oft als Nebenprodukt unserer guten Absichten daher.

Unser Schatten ist jedoch nicht unsere Sünde oder etwas, das wir möglichst ablegen sollten. Richard Rohr erinnert uns vielmehr: *»Ein je größeres Licht du bist, desto größer ist auch der Schatten, den du wirfst«* (Seite 251).

Wir müssen diesen Schatten identifizieren, ihn entwickeln und ihn dann integrieren, damit sich unser Licht in der Welt entfalten kann.

Eine Möglichkeit, unseren Schatten genauer zu identifizieren, besteht darin, darauf zu achten, welche Charaktereigenschaften uns bei anderen Menschen frustrieren. Welche Situationen rufen bei uns eine Reaktion hervor? Richard Rohr schreibt:

»Wenn dich etwas aufregt und du in diesem Augenblick eine unverhältnismäßig starke Reaktion an den Tag legst, hat sich genau darin dein Schatten-Selbst geäußert. Achte also auf Überreaktionen oder Übertreibungen.«[21]

Wenn Schwäche unser Schatten ist, sehen wir bei allen anderen, dass sie unsere Anleitung und Kontrolle brauchen; wenn unser Schatten die Angst ist, nehmen wir vor allem wahr, dass andere Stress verursachen und Aufsehen erregen. Oder der Schatten ist eine Form der Bedürftigkeit, und wir ziehen uns von Menschen zurück, die unsere Hilfe brauchen. Die Liste ist endlos und die Art und Weise, wie unser Schatten sich manifestiert, ist bei jedem individuell. Welche Art von Schatten kannst du bei dir selbst beobachten?

Wenn unser Schatten aktiv wird, neigen wir dazu, nicht mehr so klar zu denken wie zuvor. Manche fühlen sich gedrängt, zu handeln oder eine Situation zu vermeiden, sie fallen in einen Kampf- oder Fluchtmodus. Andere werden gefühllos und machen zu, sie erstarren. Wieder andere versuchen, sich bei anderen beliebt zu machen, um die Spannungen in der Beziehung zu überwinden; sie zeigen den so genannten Bambi-Reflex und wollen immer freundlich und liebenswert sein. Im Lauf der Zeit stellen wir weitere Verhaltensmuster fest: andere anschwärzen oder angreifen, uns in uns selbst zurückziehen oder defensiv werden. Wenn wir uns unserem Schatten nicht stellen, sind wir in der ständigen Wiederholung dieser Dynamiken gefangen und dazu verurteilt, immer und immer wieder die gleichen Gedanken und Verhaltensweisen zu erleben. Unseren Schatten zu identifizieren kann einige Zeit dauern. Und wir brauchen viel Offenheit und Vertrauen, Freunde und geliebte Menschen darum zu bitten, uns ehrlich zu sagen, welche blinden Flecken sie bei uns erkennen. Aber wenn wir etwas Licht auf unseren Schatten werfen, kann uns das zu » größerer Weite« führen (Seite 108) und uns eine tiefere Wahrnehmung unseres wahren Selbst erschließen.[22]

ZUM NACHDENKEN

1. Lies diese Übung ein paar Mal und achte genau auf deine Reaktionen. Nimm wahr, an welchen Stellen du defensiv, ängstlich oder verärgert bist oder dich auf irgendeine Weise

unbehaglich fühlst. Bleibe einige Minuten bei diesen Reaktionen, konzentriere dich auf deine Gedanken, deine Gefühle und deine körperlichen Empfindungen.

2. Gibt es immer wiederkehrende Muster bei Gesprächen, die du mit anderen führst, oder Szenarien, in denen du dich immer wieder entdeckst? Beispielsweise, dass du gleichsam zwanghaft alles saubermachst, wenn andere eine Sauerei hinterlassen haben; oder dass du irgendeine Gruppe leitest oder mit bester Absicht versuchst, andere zu lieben, aber dich immer wieder in Streitgespräche mit ihnen verwickelst und dich dann regelmäßig isoliert oder missverstanden fühlst? Gibt es ein Muster, wie sich deine Freundschaften und Beziehungen im Lauf der Zeit entwickeln?

3. Nimm dir Zeit – vielleicht sogar einige Stunden oder Tage –, um über diese Fragen nachzudenken. Vielleicht findest du es auch hilfreich, ein paar Freunde, denen du vertraust, zu fragen, welche wiederkehren Muster sie bei dir erkennen. Aber wenn du sie fragst, sei auf ihre Antworten vorbereitet; unsere Schatten mögen es nicht, ins Rampenlicht gezogen zu werden!

4. Schreibe auf, was diese Übungen in dir ausgelöst haben.

18. Übung: Veränderung

»Jesus hat ganz offensichtlich an Veränderung geglaubt. Das erste öffentliche Wort aus seinem Mund war im griechischen Neuen Testament die Aufforderung *metanoeite*, was wörtlich übersetzt bedeutet ›Ändert euren Geist‹ oder ›wandelt eure Gesinnung‹ (Matthäus 3,2; 4,17; Markus 1,15).«

(Seite 118)

Eine Kernbotschaft von *Alles trägt den einen Namen* ist, dass eine vergessene Wirklichkeit alles verändern kann, was wir sehen, erhoffen und glauben. Doch dieses einfache Konzept der Veränderung ist für die meisten von uns so schwer zu begreifen. Wir sind Gewohnheitstiere, die mächtige Denk- und Verhaltensmuster entwickeln. Auf physiologischer Ebene formen unsere Gehirnzellen neuronale Bahnen, die immer, wenn sie benutzt werden, an Breite gewinnen. Je öfter wir einen Gedanken oder eine Handlung wiederholen, desto mehr werden sie verankert. Deshalb ist es auch kein Wunder, dass die erste Botschaft Jesu in den Evangelien lautet: »Ändert euer Denken!« Je stärker wir uns an unsere derzeitige Sichtweise klammern, desto schwieriger wird jede Veränderung.

Denke an die bedeutenden Veränderungen in deinem Leben und wie dich diese beeinflusst haben. Dazu gehören Erfahrungen wie: Eltern werden, einen geliebten Menschen verlieren, der Übergang von der Schule zur Arbeitswelt, die Trennung von einem Partner, das Bekenntnis zur eigenen sexuellen Orientierung oder das Zerwürfnis mit einem engen Freund oder einer Freundin. Nimm dir einen Augenblick Zeit, über weitere Veränderungen nachzudenken, die du schon erlebt hast: körperliche und gesundheitliche Veränderungen, der Umzug in eine neue Wohnung, der Beginn einer Therapie, mit Trinken aufzuhören, befördert zu werden, aus der Kirche auszutreten oder die Liebe deines Lebens zu finden. Wie gehst du mit Veränderungen um? Begrüßt du sie oder versuchst du, sie zu vermeiden?

Der irische Mystiker, Dichter und Gelehrte John O'Donohue hat unsere Erfahrung der Veränderung mit einem Baby im Mutterschoß verglichen. Das Baby fühlt sich sicher und warm und sehr vertraut mit seiner Umgebung. Es hat alles, was es braucht. Die Geräusche im Bauch und der Herzschlag der Mutter vermitteln dem Kind Sicherheit. Aber es kommt der Tag, an dem das Baby alles loslassen muss, was ihm vertraut ist. Stell dir den Schmerz und den Schock vor, wenn es langsam durch den engen Geburtskanal gepresst wird, weg von allem, was dem Baby je vertraut war. Während alle anderen die Geburt feiern, »kommt dem Baby im Mutterschoß das Geborenwerden wie ein Sterben vor«.[23]

Richard Rohr sagt uns: »*Auferstehung und Wandel sind tatsächlich das universale Muster von allem, das sich beobachten lässt*« (Seite 127). Und er versichert uns: »Gott *schützt uns auf dem Weg in den Tod* und *durch den Tod hindurch*, so wie es der Vater mit Jesus getan hat« (Seite 120). Aber einfach nur zu wissen, dass wir »*in den Tod und durch den Tod hindurch*« beschützt sind, nimmt nicht den Verlust, den die Veränderung unvermeidlich mit sich bringt. Der Autor Mike McHargue beschreibt wunderschön, wie die Veränderung uns mit dem »Muster von allem« verknüpft:

»Eines Tages werde ich sterben, und nach einiger Zeit werden meine Atome verschwinden und etwas anderem zum Leben verhelfen. Viel weiter fort auf dem Zeitstrahl wird unsere Sonne explodieren und ihre Essenz über den Himmel versprühen. Der Staub unserer Sonne wird sich mit den Überresten anderer Sterne vermischen und eigene neue Sterne und Planeten formen. Das Universum selbst existiert in einem ewigen Muster aus Leben, Tod und Auferstehung.«[24]

Vom Wechsel der Jahreszeiten bis zum Ergrauen und Dünnwerden unserer Haare – überall um uns ist ein ständiger Wandel. Unsere Körper wachsen in der Kindheit schnell und werden dann generalüberholt, da sich die meisten unserer Zellen alle sieben bis zehn Jahre erneuern. Werden unsere Muskeln nicht beansprucht, verkümmern sie innerhalb weniger Wochen; wenn wir unsere Beziehungen nicht vertiefen, werden wir uns irgendwann auseinanderleben. Wir haben jeden Tag die Möglichkeit, Veränderung zu vermeiden und zu ignorieren oder sie anzunehmen, samt allen Möglichkeiten, die sie mit sich bringen kann.

ZUM NACHDENKEN

1. Welche Veränderungen in deinem Leben kamen dir zunächst wie ein Sterben vor, schenkten dir aber später einen neuen Lebenssinn?

2. Haben sich dein Verständnis und deine Erfahrung von Gott im Lauf deines Lebens in einer Weise verändert, die für dich bedeutsam ist?

3. Wenn du dir gegenüber ganz ehrlich bist: Welche Veränderung wäre als nächste notwendig?

4. Was müsste passieren, damit du »dein Denken änderst«? Bete oder schreibe alle Gedanken und Empfindungen auf, die bei dir ausgelöst werden.

19. Übung: Da oben

»Die meisten von uns beginnen die spirituelle Reise verständlicherweise mit der Annahme, dass Gott ›da oben‹ ist und dass es an uns ist, die diesseitige Welt hinter uns zu lassen, um ihn zu ›finden‹. ... Ich nehme allerdings an, dass diese Aufstiegs-Mentalität für die meisten Menschen, die spirituell auf der Suche sind, zunächst das Naturgegebene zu sein scheint. Aber sobald die tatsächliche innere Reise losgeht – sobald du erkennst, dass Gott in Christus ein für alle Mal den Abgrund zwischen dem Menschlichen und dem Göttlichen überwindet –, hat der christliche Weg weniger mit Aufstieg und Leistung zu tun als mit Abstieg, Loslassen und Ver-Lernen.«

(Seiten 139–140)

Wenn ich mittelalterliche Kathedralen wie den Dom in Florenz oder die Kathedrale von Chartres besuche, erinnert mich das immer daran, wie die Architekten in der Großartigkeit ihrer Bauwerke die Majestät und Schönheit Gottes abbilden wollten. Sie wollten, dass diejenigen, die zum Gottesdienst dorthin kamen, eine tiefe Ehrfurcht erfasste. Wie sehr unterschieden sich diese hohen, majestätischen Gebäude von den kleinen und finsteren Behausungen, in denen die meisten Menschen des Mittelalters lebten! Die schiere Größe von Brunelleschis Kuppel in Florenz und das Licht und die Farben der Buntglasfenster-Rose in Chartres hinterlassen bei den Besucherinnen und Besuchern bis heute einen unvergesslichen Eindruck. Doch auch, wenn diese Gebäude Zeugnisse eines unglaublichen menschlichen Könnens und eines tiefen Sinns für das Göttliche sind, verstärken sie zugleich die Vorstellung, dass Gott irgendwo »da oben« ist und wir »hier unten« sind.

Meine Lehrer an der katholischen Schule, die ich als Kind besuchte, brachten mir und meinen Klassenkameraden bei, uns in der Messe besonders gut zu benehmen. Wir mussten still sein und durften nicht den Mund aufmachen, ja, sollten nicht einmal lächeln, wenn wir mit der Hostie im Mund vom Altar zu unseren Bänken zurückgingen. Erst wenn wir wieder draußen vor der Kirchentür waren, konnten wir wieder miteinander schäkern, lachen und »normal« sein. Da wurde den Kindern also eine merkwürdige Botschaft beigebracht. Wenn ich heute mit Freundinnen und Freunden darüber rede, höre ich oft, dass sie in Sonntagskleidern zur Sonntagsschule gehen und Kinderlieder singen mussten, die davon handelten, dass Jesus »vom Himmel herabkomme«. Auch bei Beerdigungen ist es so, dass die Erwachsenen zum Himmel hinaufzeigen und sagen, die Verstorbenen seien jetzt »da droben« mit Gott, was die Vorstellung verstärkt, dass Gott von uns getrennt und weit weg ist. Da wundert es nicht, dass wir Mühe damit haben zu glauben, Gott lebe »in uns«.

Richard Rohr schreibt: »Wenn ich bei der Messe beobachte, wie Katholiken die Kommunion empfangen, bemerke ich, dass einige Brot und Wein zu sich nehmen und sich anschließend dem Altar oder dem Tabernakel zuwenden, in dem das Brot aufbewahrt wird, und sich als Geste des Respekts bekreuzigen – als sei die Präsenz noch immer da drüben. ... Ähnlich habe ich viele Evangelikale kennengelernt, die ›Jesus in ihr Herz aufgenommen haben‹ und dennoch jeden Freitagabend erneut ›gerettet werden‹ müssen« (Seite 138).

Fast tausend Jahre nach dem Bau dieser unglaublich schönen mittelalterlichen Kathedralen pflegen wir Menschen immer noch eine dualistische Sichtweise, indem wir die Welt in Sakrales und Profanes unterteilen (*profanum* bedeutet wörtlich »draußen vor dem Heiligen«, also vor dem Tempel/der Kirche). Wir mögen Gebäude, in denen wir Gott »beherbergen« und ihm einen besonderen Ort geben können, und wir schaffen uns gerne Zeiten im Leben oder nur im Tagesablauf, in denen wir uns auf »heilige« Aktivitäten einlassen können. Aber wenn wir die Welt auf diese Weise aufspalten, suchen wir unser Leben lang nach Erfahrungen, die uns das Gefühl geben, »da oben« zu sein, während wir die Dinge, die wir als profan betrachten, gar nicht beachten.

»In seinem ganzen Leben hat Jesus keine Zeit mit Aufstieg verbracht, aber eine Menge Zeit mit Abstieg, er ›entäußerte sich und wurde Mensch unter Menschen‹ (Philipper 2,7)« (Seite 139f), betont Richard Rohr. Das unterscheidet sich so sehr von unserer Neigung, emporsteigen und uns entwickeln zu wollen, in der Hoffnung, dass wir irgendeinen heiligen Berg »da oben« erklimmen könnten.

Jesus nachzuahmen und leer von uns selbst zu werden mag bei jedem von uns unterschiedlich aussehen; normalerweise sind wir uns der Dinge bewusst, die wir nicht aufgeben möchten. Für manche könnte der Weg, von sich selbst leer zu werden, darin bestehen, zuerst den anderen zuzuhören und den Versuch zu unternehmen, deren Sichtweise zu verstehen, ehe sie ihre eigene darlegen; oder zu beschließen, unsere Mittel für ein Anliegen einzusetzen, das uns wichtig ist, selbst wenn es nicht viel Geld einbringt oder nicht geeignet ist, uns Ansehen zu verschaffen; oder zu akzeptieren, dass das

Leben keine Liste von Ereignissen ist (College, Karriere, Heirat, Kinder usw.), die wir abhaken können, weil es keine Garantie dafür gibt, dass wir alles oder eines davon erleben werden.

In einer Gesellschaft, in der Fortschritt, Leistung und Entwicklung gefragt sind, kann dieses Leerwerden von sich selbst wie Wahnsinn aussehen. Aber je normaler diese kleinen Demütigungen des Egos ausfallen, desto mehr gelingt es uns, das Heilige in der Einfachheit des Hier und Jetzt zu erfahren.

Mit der Zeit lassen wir die dualistische Sichtweise hinter uns, dass Gott »da oben« ist, während wir »hier unten« sind, und entwickeln eine Wahrnehmung dafür, dass Gott da oben und hier unten ist, in anderen und in uns selbst und das alles zur gleichen Zeit. »Wir alle sind bereits *en Cristo*« (Seite 58). Wenn wir diese Perspektive einnehmen, fangen wir an zu sehen, dass alles heilig ist, einschließlich der Masken, die wir tragen, der Schatten, die wir zu verbergen versuchen, der Wunden, die uns zugefügt wurden, und der Anteile von uns, die wir als profan betrachten. Alles ist heilig.

ZUM NACHDENKEN

»Mein Pilgrim's Progress bestand darin, dass ich 1000 Leitern hinunterklettern musste, bis ich jenem Klümpchen Erde die Hand reichen konnte, das ich bin.«[25]

1. Von welchen Leitern müsstest du herabklettern, um dich mit dir selbst anzufreunden?

2. Welche festsitzenden Überzeugungen oder früheren Lebenserfahrungen trennen dich von einem Gott, der anscheinend »da oben« ist statt »in dir« (zum Beispiel Lieder, die du jahrelang gesungen hast, oder die Gefühle der Unzulänglichkeit oder Sündhaftigkeit, die jedes Mal in dir hochsteigen, wenn du zu beten versuchst).

3. Was müsstest du dringend loslassen und was müsstest du verlernen? Nimm dir Zeit, darüber zu beten oder schreibend eine Antwort zu finden.

20. Übung: Göttliche Tiefe

»Wir müssen uns vor der Tiefe und Weite unseres eigenen Lebens nicht fürchten, auch nicht vor den Angeboten und Forderungen der Welt. Es ist uns erlaubt, uns ganz dicht auf unsere eigenen Erfahrungen einzulassen, von ihnen zu lernen und uns selbst zu erlauben, in die Tiefe vorzustoßen, was unsere eigenen Fehler einschließt. Wir sollten nicht vorschnell versuchen, all das im Namen irgendeiner Reinheit oder Überlegenheit zu überwinden.«

(Seite 140)

In diesem Textabschnitt fordert Richard Rohr dazu auf, uns von »vergeistigten spirituellen Konstruktionen« zu lösen und uns in Richtung eines holistischen, inkarnatorischen Lebens zu bewegen (Seite 144). Aber wie genau tun wir das? Er nennt eine Reihe wertvoller Hilfsmittel, von der Integralen Theorie Ken Wilbers über die geistliche Begleitung bis zu Ira Progoffs Methode des Tagebuchschreibens (*Intensive Journal Method*), die uns helfen können, »das eigene Innenleben und die eigene Tiefe zu erforschen und uns ihnen anzuvertrauen wie nie zuvor« (Seite 145).

Als Coach, Berater und Psychotherapeut verwende ich diese Hilfsmittel bei Einzel- und Gruppensitzungen regelmäßig. Wenn ich darüber nachdenke, wie man sie in die Wege und Methoden der Selbsterkenntnis integrieren kann, greife ich gern zu dem Bild, ein kleines Flugzeug zu fliegen: Jedes Instrument bietet eine hilfreiche und wichtige Anzeige auf dem Armaturenbrett. Um zu wissen, wie hoch man fliegt, blickt man auf den einen Anzeiger. Zur Feststellung des Anstellwinkels beim Kurvenfliegen blickt man auf einen anderen. Aber es ist wichtig, immer nur einen kurzen Augenblick auf jede Anzeige zu schauen, da keine von ihnen das Gesamtbild liefert. Am wichtigsten ist es, aus dem Fenster zu sehen. Und genauso präsent und umsichtig sei für deine Umgebung und lebe dein Leben so, wie es kommt, ein, zwei dieser Hilfsmittel nutzend, wenn es notwendig ist.

Von den Methoden, die Richard Rohr erwähnt, sind das »Enneagramm« und der »Myers-Briggs Type Indicator« (MBTI) in den letzten Jahren am bekanntesten geworden.[26]

Das Enneagramm: Das Enneagramm ist ein altes Modell, bestehend aus neun unterschiedlichen, jedoch miteinander verknüpften Persönlichkeitstypen. Als ich es als Teenager kennenlernte und die Beschreibung der Enneagramm-Zahl las, die mich ansprach, erstaunte mich dessen Treffsicherheit derart, dass ich laut auflachen musste. Bruder Frank, mein Schulseelsorger, musste auch lachen und sagte zu mir: »Patrick, denk daran, deine Nummer ist keine gute Sache; sie ist der Ort, an dem du Liebe und Akzeptanz suchst, statt zu Gott zu gehen.« Das Enneagramm erklärt auf wunderbare Weise die *Personas*, die wir entwickelt haben, um in der Welt überleben und uns entwickeln zu können. Haben wir das erst einmal verstanden, kann es uns einen Weg zu tieferer Integration und Ganzheit sowie zur Liebe und Verbindung mit Gott aufzeigen.

MBTI: Lange Zeit habe ich mich gefragt, was mit mir los ist. Ich war nicht so kontaktfreudig wie meine Altersgenossen und brauchte mehr Zeit für mich allein, um nachzudenken und mich von den verschiedenen Begegnungen in meinem Alltag auszuruhen. Das MBTI half mir, diese Dynamik zu verstehen – nämlich, dass ich eher intro- als extrovertiert bin –, und erschloss mir viele weitere Einsichten, die es mir ermöglichten zu akzeptieren, dass es in Ordnung ist, so zu sein, wie ich bin. Das MBTI beruht auf C.G. Jungs Theorie der psychologischen Typen, und es stellt fest, dass wir uns zwar in jeder Umgebung unterschiedlich verhalten können, aber Vorlieben haben, die uns natürlicher vorkommen.

Das Bewusstsein für unseren MBTI-Typ kann sehr hilfreich sein, wenn es darum geht, die Dynamik unserer Freundschaften zu verstehen oder die Eigenschaften zu erkennen, von denen wir bei einem Partner angezogen werden, und sogar bei der Berufswahl. Ich erinnere mich, wie wir in meiner Anfangszeit als Unternehmensberater in einer Gruppe von dreißig Personen unsere MBTI-Typen in ein Raster einzeichneten. Während die meisten sich in drei der sechzehn möglichen MBTI-Typen drängten, war ich der Einzige im Raum, dessen Ergebnisse in der untersten Ecke des Rasters eingetragen waren, weit weg von allen andern. Meine Wahrnehmung der Wirklichkeit und die »Brillen«, die ich dazu verwendete, Entscheidungen zu treffen, waren grundlegend anders als diejenigen meiner Kollegen. Es war kein Wunder, dass ich innerhalb eines Jahres aus dieser Rolle ausstieg.

Falls du deine Enneagramm-Zahl und deinen MBTI-Typ kennst, nimm dir einen Augenblick Zeit, um darüber nachzudenken, was diese über dich offenbaren; angefangen mit den Orten, an die du gehst, um dich geliebt und akzeptiert zu fühlen, bis zu den Aktivitäten und Umgebungen, bei denen du dich am meisten daheim fühlst. Wenn du deine Zahl und deinen Typ nicht kennst, könnte es sich für Dich lohnen, sie herauszufinden.

Wenn wir uns den Übungen über das Enneagramm und das MBTI nähern, ruft uns Richard Rohr in Erinnerung: »Heutzutage haben wir endlich eine Freiheit und Erlaubnis und zahlreiche Werkzeuge, um uns der eigenen Tiefe zu nähern, wie sie nur wenigen Menschen im Lauf der Geschichte vergönnt waren. Wie schade wäre es, wenn wir sie nicht nutzen würden!« (Seite 146).

ZUM NACHDENKEN

1. Auf welche Weisen haben dich deine Erfahrungen mit Glaube und Spiritualität ermutigt oder entmutigt, dein inneres Leben zu erkunden? Nimm dir Zeit, die Botschaften aufzuspüren, die du im Lauf deines Lebens schon erhalten hast – positive, negative und alles dazwischen – in Bezug auf den Wert von Erkundungen dieser Art. Schreibe deine Gedanken auf.

2. Lies ein Buch oder einen Artikel oder höre dir einen Podcast über das Enneagramm und/oder das MBTI an, bis du zu einer persönlichen Einsicht kommst, die du bislang noch nicht gefunden hast. Schreibe oder bete über diese Einsicht und wie sie zu den Erfahrungen, die du erlebt hast, passt.

3. Falls du schon viel über diese beiden Werkzeuge weißt, registriere deine erste Reaktion auf die Einladung, dich auf diese Übungen einzulassen, genau. Entsprang sie einem Gefühl der Neugier (*Ich bin gespannt, was ich als Nächstes lernen werde*), des Stolzes (*Ich weiß schon alles, was man darüber wissen kann*) oder aus etwas ganz anderem?

21. ÜBUNG: DIE TIEFE VERKÖRPERN

»Ich bezweifle, dass man das Ebenbild Gottes *(Imago Dei)* in seinen Mitmenschen sehen kann, wenn man es nicht zuvor in der rudimentären Gestalt von Steinen, Pflanzen und Blumen, in seltsamem Kleingetier und in Brot und Wein gesehen hat, und vor allem, wenn man dieses objektive göttliche Ebenbild nicht in sich selbst zu würdigen vermag. Dieser spirituelle Weg ist ein subtiles ›Tuning‹, das den ganzen Körper umfasst.«

(Seite 151)

Falls wir eher ein intellektuelles Verständnis *von* Gott haben als eine erfahrungsbezogene Beziehung *zu* Gott, könnten wir versucht sein, uns übermäßig zu analysieren, wenn wir uns auf Werkzeuge wie das Enneagramm und das MBTI einlassen. Neben diesen Methoden persönlicher Reflexion haben Menschen über die Jahrtausende hinweg ein breites Spektrum körperlicher Praktiken entwickelt, die uns helfen, Gottes Bild zu erkennen und in die Tiefe der Dinge einzutauchen. Dazu gehören körperbezogene Therapien sowie das von Richard Rohr empfohlene Wildnis-Training und bestimmte Arten von körperbezogener Verlust- und Trauerarbeit (Seite 145). Ich möchte noch drei weitere Übungen ergänzen: das Retreat, das Pilgern und das Labyrinth.

Retreat: Sich in eine einsame Landschaft zurückzuziehen ist eine uralte Praxis, die Jesus, die Wüstenmütter und Wüstenväter und viele andere schon vor zweitausend Jahren eingeübt haben. Die Stille der Landschaft, die natürlichen Rhythmen von Sonnenaufgang und Sonnenuntergang, der Verzicht auf Technik jeder Art und unsere zunehmende Aufmerksamkeit für die Tiere und die Natur – das alles kann sogar den geschäftigsten Geistern zur Entschleunigung verhelfen.

Ein Retreat muss keine zeitintensive Angelegenheit sein, die irgendwo weit entfernt stattfindet. Oft ist sogar ein ein- oder sogar halbtägiger Rückzug vor Ort die einzig praktikable Möglichkeit. Ein Retreat kann man allein machen oder – wie es in vielen Exerzitienhäusern der Fall ist – in einer Gruppe, die von einem Leiter oder einer Leiterin durch diese Zeit geführt wird. Ich ziehe mich gerne ganz für mich allein zurück, in ein Tal oder an die Küste. Ein Tagebuch, in das ich meine Gedanken und Sorgen hineinschreibe, hilft mir in den ersten paar Stunden, bis ich schließlich ganz angekommen bin und mich auf die physische Natur der Umgebung und auf meinen Körper konzentrieren kann. Ich beginne, mir der Spannungen in meinem Körper bewusst zu werden, wahrzunehmen, wie ich atme und ob ich mich viel bewegen oder einfach nur Schlaf nachholen möchte. Ich höre auf mich selbst und auf Gott von einem ganz anderen, inneren Ort aus.

Pilgern: Zu Fuß einen Pilgerweg zu gehen kann eine erschöpfende und zugleich beglückende Übung sein. Es gibt viele Pilgerwege auf der ganzen Welt, angefangen vom berühmten *Camino* nach Santiago quer durch Nordspanien bis zu den 1500 Jahre alten Pilgerwegen durch die irischen Berge in der Nähe meiner Heimat. Wenn die Pilger ihre Reisen antreten, verbinden sie damit oft ein bestimmtes Anliegen oder sie sprechen ein Gebet.

Auch wenn man auf manchen Pilgerwegen monatelang gehen kann, empfehle ich, lieber mit einer kurzen Halb- oder Ganztagesstrecke in der Nähe des eigenen Wohnorts anzufangen. Dann kann man besser einschätzen, ob einem diese Art der Praxis zusagt. Wichtig ist es, den Pilgerweg an einem Denkmal oder an einer Kirche zu beenden und sich dort etwas Zeit zu nehmen, die eigenen Erfahrungen zu reflektieren und zu beten.

Labyrinth: Während der Kreuzzüge des Mittelalters wurde es für die Pilger und Pilgerinnen zu gefährlich, ins Heilige Land zu reisen, um den Spuren Jesu zu folgen. So wandten sie sich der uralten Praxis zu, ein Labyrinth zu durchschreiten, das sie als Ziel eines Pilgerwegs in der Nähe nutzten. In Chartres zum Beispiel wurde ein steinernes Labyrinth in den Fußboden der Kathedrale eingelassen.

Während ein Irrgarten vor allem mit der Absicht angelegt ist, den Weg zu einem bestimmt Punkt finden, ist ein Labyrinth dafür gemacht, den Prozess des Gehens zu einem bestimmten Ziel zu üben, das man bereits sehen kann. Wenn man dann in die Mitte des Labyrinths angekommen ist, wendet sich der Weg und führt einen zurück. Das spiegelt unsere Lebenserfahrungen, wenn wir hoffen, dass etwas geschieht, oder meinen, dass wir an einem bestimmten Punkt angekommen sind, dann aber feststellen, dass das Leben uns unerwartet anderswohin führt.

Ich bin schon etliche Male im Freien durch Labyrinthe gegangen, wenn mich gerade etwas schwer belastete. Oft gehe ich anfangs sehr schnell, bevor ich meinen Rhythmus finde, meinen Atem wahrnehme, etwas langsamer werde und schließlich innehalte, um mich umzusehen. Während ich weitergehe, tauchen Gefühle wie Erleichterung, Traurigkeit, Wut oder Freude auf. In der Mitte des Labyrinths angekommen, hinterlasse ich dort manchmal ein Symbol, wie etwa einen Stein oder einen abgebrochenen Zweig. Das soll dafür stehen, dass ich bereit bin, etwas loszulassen, ehe ich wieder zurückgehe. Manchmal habe ich bis zu zwanzig Minuten in der Mitte verweilt, auf den Schmutz am Boden geschaut und überlegt, was es ist, das ich loszulassen versuche.

In Kapitel 9 mit dem Titel »Die Tiefe der Dinge« beschreibt Richard Rohr eine Bronzeplastik des heiligen Franziskus in Assisi: Der Heilige blickt »fasziniert und staunend auf den Schmutz hinunter ..., was ziemlich ungewöhnlich und fast schockierend ist. Der Heilige Geist, der fast immer so dargestellt wird, dass er von oben kommt, kommt in diesem Kunstwerk von unten – das geht so weit, dass er im Schmutz verborgen ist!« (Seite 150).

Die Symbolik dessen, wie wir uns bewegen, was wir tragen, des mäandernden Wegs, den wir einschlagen, und dessen, was wir bereit sind, zurückzulassen – dies alles macht das Labyrinth zu einer wunderbar körperhaften Einübung. Es lehrt uns, weniger Erwartungen zu haben, uns auf den Prozess einzulassen und genauer hinzuschauen, was »im Schmutz verborgen ist«, auf dem wir stehen.

ZUM NACHDENKEN

1. Praktiziere in den kommenden Tagen und Wochen mindestens eine der folgenden körperbezogenen Übungen: Suche ein Exerzitienhaus und besuche es mindestens für einen halben Tag, plane eine mehrtägige Fußpilgerschaft oder suche ein Labyrinth, das du begehen kannst. Achte dabei mehr auf deinen Körper als auf deinen Verstand.

2. Alternativ dazu könntest du dir auf einer freien Fläche dein eigenes Labyrinth anlegen, einen deiner Lieblingswege zu einer Art Pilgerweg machen oder dir ein Zimmer so einrichten, dass es sich für ein eintägiges Retreat eignet. Dazu könnte gehören, dass du Pflanzen und Blumen, Kerzen und Weihrauch, Fotos und Bücher sammelst, die für dich eine besondere Bedeutung haben. Schalte alle technischen Geräte aus und bete darum, dass du offenen Herzens alles annehmen kannst, was während deines Retreats in dir hochsteigt.

22. Übung: Das göttlich Weibliche

»Obwohl Jesus eindeutig vom physischen Geschlecht her ein Mann war, ist der Christus jenseits aller Geschlechtszuordnungen, und deshalb sollte man davon ausgehen können, dass die Große Tradition bewusst oder unbewusst auch weibliche Zugänge gefunden haben muss, um die Göttliche Inkarnation als Ganzes darzustellen und um Gott einen weiblicheren Charakter zu geben – so wie es die Bibel tatsächlich häufig tut.«

(Seite 153f)

Je nachdem, wie wir kulturell und religiös geprägt sind, wird die Person Marias, der Mutter Jesu, ganz verschiedene Bedeutungen für uns haben. Manche Menschen inspiriert sie dazu, zu beten, heilige Stätten aufzusuchen und Festtage zu feiern. Für andere ist sie eine gläubige biblische Figur, aber sie ist *nicht* Gott, was es befremdlich macht, sich vorzustellen, zu ihr zu beten und sie gar anzubeten. Richard Rohr schreibt, dass Maria ein Archetyp ist, ein Symbol, »das ein ganzes Heer von Bedeutungen in sich trägt, die nicht logisch kommuniziert werden können« (Seite 155). Unabhängig von unserem religiösen Hintergrund kann sie uns etwas ganz Wichtiges über die Beziehung der Menschheit mit Gott zeigen, indem sie zur menschlichen Inkarnation Christi Ja sagt. »In Maria haben wir als Menschheit zu Gott unser ewiges Ja gesagt« (Seite 161).

Als Therapeut höre ich regelmäßig etwas über die Beziehungen meiner Klienten zu ihren Eltern. Die, die eine schwierige Beziehung zu ihrem Vater hatten, sagen mir oft, dass sie sich lange Zeit schwer damit taten, mit den männlichen Symbolen für Gott zurechtzukommen. »Menschen mögen und brauchen es und vertrauen darauf, dass uns unsere Mütter beschenken und nähren und uns immer vergeben, was wir eigentlich auch von Gott bekommen wollen« (Seite 157), schreibt Richard Rohr.

Nimm dir einen Augenblick Zeit, über die weiblichen Symbole nachzudenken, die dir deine Religion, deine Kultur und deine Mutter vermittelt haben.

- Mit welchen Worten würdest du die Beziehung zu deiner Mutter beschreiben? (Vielleicht hilft es dir, Fotos und Videos aus der Zeit anzusehen, als du noch jünger warst. Falls du die Möglichkeit hast, kannst du mit deiner Mutter auch über eure Beziehung sprechen.)
- Welche Aussagen über die Bedeutung Marias hast du aus deiner Kultur und deiner Erziehung übernommen?

Ich bin in einer sehr engen und liebevollen Beziehung zu meiner Mutter aufgewachsen. Von ihr habe ich gelernt, dass ich liebenswert bin und dass Freundlichkeit und Zuwendung in der Welt Platz haben. Ich lernte, dass es keine Rolle spielt, was ich leiste, denn ich würde immer für das geliebt, was ich bin. Als ich zum ersten Mal Richard Rohrs Kapitel »Die weibliche Inkarnation« las, ging mir auf, dass mich vor allem die eher archetypischen weiblichen Merkmale Gottes ansprachen, symbolisiert als liebevolle Mutter und Heilige Weisheit (*Sophia*). Ich liebe es, die Stellen über die *Sophia* im Buch der Sprichwörter zu lesen sowie die Geschichten in den Evangelien, die Jesu gütige Zuneigung zu den Kranken und Armen zeigen. Jetzt verstehe ich, dass das archetypisch weibliche Gesicht Gottes bei mir am meisten Resonanz erzeugt; ich hatte es nur nie mit dem archetypischen Symbol von Maria gleichgesetzt.

Die weibliche Seite der Inkarnation kann für die eine Quelle der Inspiration werden, die damit ringen, sich Gott als Vater vorzustellen, für diejenigen, die darum lange im Widerstand gegenüber Gott waren und ihm jetzt ihr Jawort zusprechen möchten, oder auch für all jene, die den Wunsch haben, ihr Leben nach Güte, Kooperation und Inklusion auszurichten. Richard Rohr erinnert uns an unser tiefes Bedürfnis nach dieser archetypischen Energie: »Heute können wir auf vielen Ebenen bezeugen, welch immense Sehnsucht nach erwachsener Weiblichkeit es in allen Bereichen unserer Gesellschaft gibt – von unserer Politik über die Wirtschaft, in unserer Psyche, unseren Kulturen, unseren Führungsmodellen und in unseren Theologien, die allesamt allzu kriegerisch, konkurrierend, mechanistisch und nicht-kontemplativ geworden sind. Wir sind verdammt unausgeglichen« (Seite 162).

ZUM NACHDENKEN

1. Nimm wahr, ob es eine Herausforderung für dich gewesen ist, diese Übung zu lesen. Wenn ja, schreibe auf, welche Gedanken, Gefühle und körperlichen Empfindungen in diesem Moment bei dir auftauchen, bevor du zu den nächsten Fragen übergehst.

2. Gehe irgendwo hin, wo du dich mit einem archetypischen weiblichen Symbol verbinden kannst – in die Natur, in eine Kunstgalerie oder eine Kirche, in der du ein Gemälde oder eine Statue betrachten kannst, an einen Ort der Fürsorge wie etwa eine Schule oder ein Pflegeheim – oder verbringe Zeit mit deinen eigenen Kindern oder Kindern aus deiner Familie und von Freunden. Stelle dir folgende Fragen:

- Wie erfahre ich das schenkende, nährende, vergebende Antlitz Gottes?
- Auf welche Weise fühle ich mich dazu hingezogen, anderen zu helfen, sie zu nähren und ihnen zu vergeben?

23. Übung: Unser ewiges Ja

»Maria *ist diejenige, die uns alle empfängt und die uns allen das Geschenk überreicht*. Sie hatten sie gern, weil sie eine von uns ist – und gerade *nicht* Gott.«

(Seite 156)

Richard Rohr betont, dass Maria »zum natürlichen Archetypus und Symbol« für die Christus-getränkte Welt wurde, aus der Jesus hervorging. »Sie bietet uns fortwährend Jesus dar, den in Verwundbarkeit und Nacktheit inkarnierten Gott ... Die Erdmutter präsentiert den spirituellen Sohn; das sind die beiden ersten Stadien der Inkarnation« (Seite 156).

Das ist eine tiefe Symbolik in kosmischem Maßstab. Die archetypische Mutter Erde übernimmt bereitwillig die Aufgabe, den Christus zu nähren. Obwohl Maria die Tragweite ihrer Antwort nicht vollkommen verstehen kann, erklärt sie sich bereit, ihren kleinen Teil dazu beizutragen und Gott zu dienen. Sie spricht ihr Ja, ohne sich des vollen Umfangs und der Bedeutung der Rolle bewusst zu sein, die sie spielen soll. Von dieser Einstellung Marias und ihrer Offenheit für Gott können wir sehr viel lernen.

Richard Rohr schreibt: »In Maria haben wir als Menschheit zu Gott unser ewiges Ja gesagt. Ein Ja kann nicht rückgängig gemacht werden. Es ist ein kollektives Ja, das unsere vielen Neins außer Kraft setzt« (Seite 161f).

Manchen Menschen, insbesondere wenn sie in Kulturen leben, die großen Wert auf Aktivität und Produktivität legen, kann Maria passiv und zu still vorkommen. Aber ihr »ewiges Ja« ermöglichte es Gott, durch ihr Leben als Mutter, ihre Fürsorge und Liebe wirksam zu werden. Mir fällt dazu Blaise Pascals geistreicher Aphorismus ein, dass »alle Probleme der Menschen daher kommen, dass sie nicht dazu fähig sind, ruhig in ihrem Zimmer zu bleiben.«[27] Maria scheint diese Fähigkeit gehabt zu haben, ganz im Gegensatz zu etlichen anderen Persönlichkeiten im Neuen Testament: Jakobus und Johannes, die nach Macht strebten (Markus 10,37), oder der geschäftigen Marta (Lukas 10,40). Marias gesunde Abgrenzung schuf die Bedingungen dafür, dass Jesus aufwachsen und Gott durch ihn wirken konnte.

Im Lauf der Jahre bin ich vielen wunderbaren Menschen begegnet, die aus einem Gefühl der Güte heraus und mit dem Wunsch, Nächstenliebe praktisch werden zu lassen, ein Verhaltensmuster entwickelt haben, das sie dazu drängt, anderen immer zu helfen. Sie kümmern sich intensiv um jeden, der leidet oder in Not ist. Weil sie sich in ihren zwischenmenschlichen Beziehungen aber nur schwach abgrenzen können, laden sie sich allzu viele Lasten anderer Menschen auf.

Wir können große, selbstlose Anstrengungen unternehmen, um unsere erwachsenen Kinder oder die Schwachen in unserer Gesellschaft emotional und finanziell zu unterstützen. Aber es ist wichtig, dass wir uns nicht unbewusst so verhalten, dass andere von uns abhängig werden. Ansonsten können unsere gut gemeinten Aktionen kurzfristig zu Lösungen führen, mit denen wir selbst uns zwar gut fühlen, die aber auf lange Sicht andere entmachten. Bleiben wir bei diesem Verhalten, kann es sein, dass wir irgendwann erschöpft feststellen, anderen im Stillen ihre Bedürfnisse übelzunehmen.

Khalil Gibran drückt wunderschön aus, worauf es ankommt: »Lasst Raum zwischen euch. ... Denn die Säulen des Tempels stehen für sich, und die Eiche und die Zypresse wachsen nicht im Schatten der anderen.«[28]

Marias Ja und ihre Haltung des »reinen Sein[s] und nicht Handel[s]« (Seite 160) sind für uns tiefgreifende Lektionen. Ihre intensive und archetypische Energie schöpft aus Vertrauen und lässt alles das los, was wir möglicherweise gerne tun würden, um Macht oder die Kontrolle zu haben oder gar Bedeutung in der Welt zu erlangen. Ihre Gegenwart ermöglicht es Jesus zu wachsen und dem Christus, offenbar zu werden. Maria zeigt uns, wie wir die Spannung halten können, uns um andere zu kümmern und ihnen zugleich Raum zum Wachsen zu geben. Sie akzeptiert, wer sie ist, und die Rolle, die Gott ihr zugewiesen hat, während sie sich auf das Wesentliche konzentriert.

»In den vielen Marienbildern erkennen wir Menschen unsere weibliche Seele. Wir mussten uns in ihr sehen und mit ihr sagen: ›Gott hat meine Niedrigkeit gesehen. Von jetzt an werden mich alle Generationen gesegnet nennen‹ (Lukas 1,48)« (Seite 157).

ZUM NACHDENKEN

1. Denke an eine Zeit zurück, in der du einem anderen Menschen zu viel von seiner Last abgenommen hast. Wie hat sich das für dich angefühlt? Wie hat sich diese Beziehung weiterentwickelt?

2. Denke jetzt an eine Zeit, in der jemand anderer zu stark in dein Leben eingegriffen hat, indem er helfen wollte, und dabei mit dem, was er sagte oder tat, möglicherweise persönliche Grenzen überschritten hat. Wie war diese Erfahrung für dich? Wie hat dies deine Einstellung gegenüber diesem Menschen beeinflusst?

3. Welches »Ja« wird dir im Moment abverlangt? Wo in deinem Leben nimmst du möglicherweise wahr, was Gott tut, und kannst es durch deine Präsenz anderen weitergeben, und zwar auf dem Weg des »reinen Daseins und nicht Handelns«?

24. Übung: Körperlichkeit

»Jesus hat nicht gesagt: ›Das ist mein Geist, der für euch gegeben wurde‹, oder etwas Ähnliches wie ›Das sind meine Gedanken‹. Stattdessen verstieg er sich zu der kühnen Behauptung: ›Das ist mein Körper‹, was für einen spirituellen Lehrer und Gottesmann eine übermäßig gegenständliche und riskante Redeweise zu sein scheint.«

(Seite 164f)

Über das Eucharistische Mahl nachdenkend, weist Richard Rohr darauf hin, dass »uns Jesus, indem er uns seinen Körper anbietet, gerade dadurch eher sein geballtes physisches Menschsein schenkt als eine völlig vergeistigte Göttlichkeit! ›Esst mich!‹, sagt er und schockiert uns damit« (Seite 165).

Das ist genau das Gegenteil von dem, was zur damaligen Zeit als normativ angesehen wurde: »Viele Religionen der Antike porträtierten Gott als einen, der sich von Menschen- oder Tieropfern ernährt, die ihm auf ihren Altären dargebracht werden; aber Jesus stellt die Religionsgeschichte auf den Kopf, indem er uns zu der Vorstellung einlädt, dass *Gott sich uns als Speise schenkt*!« (Seite 166). Mehr noch, er fordert uns auf, uns mit einem Ritual an ihn zu erinnern, bei dem sein Körper und unser grundlegendes körperliches Bedürfnis zu essen im Mittelpunkt stehen.

Dennoch haben viele Christinnen und Christen Mühe damit, unseren Körper mit unseren religiösen Erfahrungen in Verbindung zu bringen. Auch das geistliche Leben lässt uns allzu oft nur in unserem Kopf bleiben und leitet uns an, uns mehr auf unsere Gedanken und Ideen konzentrieren, als auf unsere Gefühle, Empfindungen und Körpererfahrungen zu achten.

Etliche Jahrhunderte hindurch haben die westliche Kultur und Gesellschaft dem Körper geringe Bedeutung beigemessen und ihn als etwas Schlechtes oder Sündhaftes betrachtet – oder zumindest als weniger wichtig als Geist und Seele. Die berühmte Aussage von Descartes – »Cogito ergo sum« (»Ich denke, also bin ich«)[29] – hat die Überzeugung auf den Punkt gebracht, wonach unser Selbstbewusstsein und unsere Fähigkeit zu denken der alleinige Beweis für die Wirklichkeit unserer Identität als menschliche Wesen sind. Im Bereich der Religion hat uns dies von einer inkarnatorischen Gotteserfahrung weg- und zu einer Konzentration auf Ideen und Wahrheitskonzepten hingeführt.

Deshalb schreibt Richard Rohr, wenn er über die Eucharistiefeier nachdenkt: »Brot und Wein und die gesamte Schöpfung scheinen viel eher bereit zu sein zu glauben, wer und was sie sind, als Menschen« (Seite 167). Wir müssen einen verkörperten Glauben pflegen, der sowohl gute Theologie als auch eine ganzheitliche Spiritualität einschließt.

Die Art und Weise, wie wir mit unserem Körper umgehen, sagt viel über unser Weltbild aus. Ich habe eine lange Geschichte von Sportverletzungen. Alle paar Monate zog ich mir irgendeine Muskelzerrung in einem Bein zu, hatte einen verspannten Rücken oder schmerzende Schultern. Aber statt auf meinen Körper zu hören und die Verletzung heilen zu lassen, hörte ich auf die Stimmen um mich herum, die zu mir sagten: »Halte durch«, »mach weiter« und dass ich mich »später erholen« könne. Ich habe so viel durchgehalten und mir eine Verletzung nach der anderen zugezogen, bis ich an den Punkt kam, nicht mehr laufen zu können.

Schließlich fing ich langsam an, auf meinen Körper zu hören und zu akzeptieren, dass er ein wesentlicher Teil von mir ist, wie auch »Körper, Herz, Verstand und all das …, was wir meinen, wenn wir ›Seele‹ sagen« (Seite 167).

Vor ein paar Jahren nahm ich an einer Fortbildung teil, bei dem wir täglich etliche Stunden meditierten. Die wichtigste Lektion dieser Woche war für mich, wie intensiv meine Mitschüler und ich lernten, auf unseren Körper zu hören. Ich empfand Schmerzen an Stellen, die ich nie zuvor bemerkt hatte, und lernte, durch kleine Veränderungen in der Art des Sitzens für Linderung zu sorgen. Zudem merkte ich, dass ich gar nicht so viel Nahrung brauchte, wie ich bislang immer gemeint hatte. Ich hatte mir einfach bestimmte Essgewohnheiten zugelegt und spürte nun: Wenn ich ein bisschen weniger aß, hatte ich mehr Energie und Kraft. Ich habe zwar nicht alles auf einmal geändert, aber habe viel bewusster wahrgenommen, wie ich mich fühle und wie ich für meinen Körper sorge.

Nicht ohne Grund haben sich in den letzten Jahrzehnten so viele Menschen in der westlichen Welt mit Yoga, Pilates und anderen sanften Körperübungen beschäftigt. Ich denke, wir wollen uns neu oder wieder mit unserer physischen Daseinsweise verbinden. Wir sehnen uns danach, nach Hause zu kommen und unser verkörpertes Selbst zu bewohnen.

ZUM NACHDENKEN

1. Nimm dir Zeit für eine körperliche Aktivität, die dir üblicherweise guttut: gehen, tanzen, schwimmen, kontemplatives Sitzen, eine Meditation oder irgendetwas anderes, das es dir ermöglicht, dich stärker mit deinem physischen Körper zu verbinden.

2. Es ist wichtig, dass du dich bei dieser Übung nicht anstrengst, nicht unter Druck bist oder etwas leisten willst. Lass dich von Begriffen wie *Freundlichkeit, Sanftmut* und *Friedfertigkeit* leiten.

3. Mach die Übung, bis du ein Gefühl der Wertschätzung für das Leben empfindest, das deinen Körper beseelt.

Hinweis: Falls dir irgendwelche Zweifel kommen, ob du wirklich eine Körperübung ausführen willst, blättere bitte zu Übung 16 zurück und lies, bevor du beginnst, noch einmal den Abschnitt mit dem Titel »IN DER EIGENEN KOMFORTZONE BLEIBEN UND DABEI ÜBER DEIN PERSÖNLICHES LEIDEN NACHDENKEN«.

25. Übung: Verkörpertes Leiden

»Wir müssen unser Wissen auf die leibliche Ebene bis in unsere Zellstruktur hinein, auf die Ebene der Teilhabe und insofern auf die Ebene der Vereinigung erweitern. Wir müssen das Mysterium weiterhin essen und trinken, bis es uns eines Tages in einem Moment, wo unsere Abwehr heruntergefahren ist, dämmert: ›Mein Gott, ich bin ja wirklich, was ich esse! Auch ich bin der Leib Christi.‹«

(Seite 173)

Als Teenager hatte ich mit einem gewissen Widerwillen zu ringen, während unserer Schulmessen die Eucharistie zu empfangen. »Der Leib Christi«, sagte der Priester, und ich hatte, um das Brot zu empfangen, »Amen« zu sagen. Aber ich glaubte nicht an die physische Präsenz Christi in der Hostie, und es störte mich, diese mit meinem »Amen« zu bestätigen. Mein Kaplan erklärte mir – genau wie Richard Rohr schreibt –, dass dieses eucharistische Mahl »Kommunion mit Gott und mit Gottes Volk und oftmals mit mir selbst« ist (Seite 164). Zu erkennen, dass mein »Amen« sich auf die Tatsache bezieht, dass wir *alle* der Leib Christi sind nicht nur das Brot, war für mich ein echter Durchbruch.

Richard Rohr weist darauf hin, »dass die eucharistischen Elemente Brot und Wein keine Belohnung für die Perfekten und kein Ehrenpreis für Wohlverhalten sind. Sie sind vielmehr Wegzehrung für die Pilgerreise der Menschen und Medizin für die Kranken. Wir kommen nicht deshalb nach vorne, weil wir würdig sind, sondern weil wir alle auf die eine oder andere Weise verwundet und ›unwürdig‹ sind« (Seite 171).

Aber dieses Gefühl des Verwundetseins kann manchmal so intensiv sein, so allumfassend, dass wir uns schwer damit tun, daran zu glauben, dass *wir* der Leib Christi sind. Das ist besonders dann der Fall, wenn wir selbst körperlich gelitten haben.

Ich habe lange Zeit auf das Leben anderer geschaut – auf ihre Zuversicht, ihre scheinbare Stärke – und mir vorgestellt, dass ich mit meinen Erfahrungen emotionalen Leidens völlig allein sei. Irgendwann war ich mit mir selbst derart unglücklich, dass ich nicht einmal mehr in den Spiegel schauen konnte. Ich hatte einige der schädlichen Erzählmuster unserer Kultur verinnerlicht, die mir das Gefühl gaben, dass ich immer unzulänglich sei.

»Du musst stark sein.« »Du musst schön sein.« »Du musst dünn sein.« Wir kennen den Schaden, den diese Narrative anrichten, bei Frauen und in zunehmendem Maß auch bei Männern. Die Folgen können Ess-Störungen, übermäßiges Essen ebenso wie übermäßiger Sport, sexuelle Süchte und Drogenmissbrauch sein. Die grundlegende Botschaft ist, dass dich niemand lieben wird, bevor du nicht bestimmte Dinge mit deinem Körper tust und ihn in eine bestimmte Form gebracht hast.

Diese Betonung des äußeren Erscheinungsbilds geht oft einher mit geschlechtsspezifischen, ethnisch relevanten Botschaften, die wir von frühester Kindheit an mitbekommen. Diese Narrative, die mit einem Großteil unserer traditionellen theologischen Erzählmuster übereinstimmen, trennen in der Regel unseren Körper von unserem Herzen, unserem Denken und unserer Seele. So unter Druck, verlieren wir leicht den Respekt vor unserem Körper und den Körpern der anderen. Und nichts von alledem geht auch nur ansatzweise auf den tiefen Schmerz und das Leiden ein, das wir in unseren Körpern empfinden, wenn wir irgendeine Form des physischen oder sexuellen Missbrauchs erlebt haben.

Wir können so viel Zeit mit unserem Wunsch, unseren Körper zu verändern, verbringen, wir können uns sehr darum bemühen, ihn zu formen, daran scheitern und von Neuem beginnen, dass wir unsere Körperlichkeit schließlich hassen und eine körperlose Religion, die sich nur auf Ideen und gedankliche Konzepte konzentriert, am Ende sogar begrüßen. Aber Jesus trifft uns genau an diesem Punkt, wenn er sagt: »Mein Leib, ›der für euch gegeben ist‹, ›der für euch gebrochen ist‹, und mein Blut, ›das für euch vergossen ist‹« (Seite 171).

Auch er wurde gebrochen. Er wusste, dass auch wir gebrochen werden. Er wusste, dass wir weiterhin leiden werden. Christus ist mit uns solidarisch in einem Universum, das »der Körper Gottes [ist], sowohl seinem Wesen nach als auch in seinem Leiden« (Seite 171).

»Wenn du in diesem Heiligen Mahl das Blut Christi trinkst, verbindest du dich bewusst mit all dem ungerechten Leid in der Welt vom Anbeginn bis zum Ende der Zeit. Wo auch immer Leid war oder ist, da sind auch das Mitgefühl und das Mitleiden Gottes« (Seite 170), ruft uns Richard Rohr in Erinnerung.

ZUM NACHDENKEN

Genau wie bei den Anregungen zur Reflexion der 16. Übung ist es wichtig, dass du nicht aus deiner Komfortzone hinausgehst. Wenn diese Übung aufgrund deiner eigenen Lebenserfahrungen für dich schwierig zu lesen war, empfehle ich dir, zuerst noch einmal den Abschnitt »Im Rahmen der eigenen Komfortzone bleiben und dabei über dein persönliches Leiden nachdenken« in der 16. Übung zu lesen. Falls irgendein Aspekt der folgenden Übungen dir zu viel ist oder dir nicht hilfreich erscheint, fühle dich frei, einfach weiterzulesen.

ÜBUNG VOR DEM SPIEGEL

1. Betrachte dich im Spiegel und lass dir Zeit, dir langsam und laut mindestens zehn Dinge zu sagen, die du an dir selbst gern magst. Stelle sicher, dass sie damit zu tun haben, wer du *bist* und mit dem Prozess, der dich zu dem macht, der oder die du bist – und nicht mit Dingen, die du *tust* oder Leistungen, die du zustande bringst (zum Beispiel: »Ich mag dich, weil du liebenswürdig bist, weil du anderen zuhören möchtest ...«, statt: »Ich mag dich, weil du in deinem Job gut bist, weil du hervorragend kochen kannst«).

Nimm wahr, wie leicht oder schwierig diese Übung für dich ist.

Achte auf alle physischen Empfindungen, die du in deinem Körper wahrnimmst.

2. Das kann eine emotionale Erfahrung sein, deshalb bete oder schreibe Tagebuch oder wende dich an einen vertrauten Menschen oder einen Therapeuten oder eine Therapeutin, falls du findest, dass diese Übung für dich eine zu große Herausforderung ist.

26. ÜBUNG: SÜHNE

»Es ist an der Zeit, dass die Christenheit das tiefere biblische Thema einer stärkenden oder *restaurativen Gerechtigkeit* neu entdeckt, die auf Heilung und Versöhnung zielt und nicht auf Strafe.«

(Seite 179)

Am Anfang des Kapitels »Warum ist Jesus gestorben?« erklärt Richard Rohr: »Stellvertretendes Sühnopfer besagt, dass Christus aufgrund seiner eigenen aufopferungsvollen Entscheidung an Stelle von uns Sündern bestraft wurde und dadurch die ›Forderungen nach gerechtem Ausgleich‹ befriedigt hat, so dass Gott uns die Sünden vergeben konnte« (Seite 178). Diese Theorie wurde im Rahmen der Normen und Werte des 11. Jahrhunderts entwickelt, als in einem Großteil Europas ein »mittelalterlicher Codex von feudaler Ehre und Schande« (Seite 181) galt.

In dieser Zeit verfasste Anselm von Canterbury eine Schrift, in der er erklärte, dass zur Sühne des sündhaften menschlichen Ungehorsams im Garten Eden »ein Lösegeld … nötig [sei], um Gottes Ehre wiederherzustellen« (Seite 181). Diese Vorstellung beruhte auf einer Theologie, die, im Anschluss an den heiligen Augustinus, den Schwerpunkt auf den Sündenfall in Genesis 3 statt auf das ursprüngliche Gutsein der Schöpfung in Genesis 1 legte. Im Lauf des letzten Jahrtausends wurde dies zur weithin anerkannten Theorie dafür, weshalb Jesus sterben musste.

Ich erinnere mich an den Tag, an dem mir zum ersten Mal die unterschiedlichen Betonungen der christlichen Sühnetheorie aufgingen. Ich war im College, als ein Freund damit anfing, mir das Evangelium zu erklären. Er zeichnete ein Diagramm, das die Logik der stellvertretenden Sühnetheorie aufzeigte. Ich weiß noch, dass er ganz schockiert war, als ich sagte: »Das ist interessant! Das ist der Mechanismus, warum Jesus sterben musste. Das habe ich noch nie gehört!« Er fragte mich, auf welcher Grundlage ich mich als Christ bezeichnete. Ich fing an, über Sinn zu sprechen und über die Vorstellung, dass alles spirituell ist, dass ich die Lehren Jesu liebte und das Gefühl habe, mit Gott verbunden zu sein. An seinem Gesichtsausdruck konnte ich ablesen, dass er sich um mein Seelenheil Sorgen machte!

Aber ich habe auf ihn gehört. Mit diesem mechanistischen Ansatz verstand ich, worum es am Karfreitag ging. Mein Glauben war dadurch einfacher und klarer und anderen gegenüber leichter zu erklären. Aber gleichzeitig verengte sich mein religiöser Fokus und wurde eher reduktionistisch, schuldbeladen und sogar angstbasiert.

Im Lauf der Zeit hat sich so meine Weltanschauung zu einer eher rechtsgeschäftlichen Sichtweise entwickelt. Wer gehört dazu und wer ist draußen? Was glaubst du und was glaubst du nicht? Meine transformativen Erfahrungen in der Spiritualität wurden ersetzt durch eine transaktionale Theologie *über* Gott. Ich hatte mehr Antworten und – darf ich das so sagen? – ein bisschen weniger Liebe. Oder wie Richard Rohr es sagt: »Versuche einmal, den eigenen Partner oder die eigenen Kinder auf solche Weise zu lieben, und schau, wohin das führt« (Seite 183).

Wenn ich heute kirchlichen Gottesdiensten beiwohne, verblüfft es mich, dass diese transaktionalen Theorien über den Tod Jesu am Kreuz immer wieder auftauchen. Diese Vorstellungen äußern sich oft in Liedern und Gesängen, etwa in Zeilen wie »denn der gerechte Gott blickt zufrieden auf ihn und vergibt mir«. Sie sind für viele Menschen der rote Faden ihrer Bibelauslegung, von den hebräischen Schriften bis in das Neue Testament hinein. Man hat manchmal das Gefühl, als feierten wir den Karfreitag immer und immer wieder, an jedem einzelnen Sonntag; wir erinnern uns ständig an den Mechanismus der Erlösung. Das übrige Leben Jesu, seine Lehren und die Bedeutung seiner Auferstehung werden viel weniger betont.

Richard Rohr schreibt: »Die Franziskaner unter der Führung von Johannes Duns Scotus (1266–1308) ... hielten ... daran fest, dass das Kreuz *eine aus freien Stücken gewählte Offenbarung der totalen Liebe Gottes* sei. ... Das Kreuz wurde hier nicht als ein Transaktionsdeal verstanden, sondern als ein dramatischer Erweis von Gottes überströmender Liebe mit dem Ziel, unser Herz aufs Äußerste zu erschüttern und es zu Vertrauen und Liebe zum Schöpfer zurückzubringen« (Seite 182).

In einer Welt, die dringend einer Verwandlung und einer echten spirituellen Verbindung zwischen unterschiedlichen Gemeinschaften bedarf, bleiben wir unerwachsen und unreif, wenn wir uns bloß auf die Frage der Zugehörigkeit konzentrieren. »Meiner Erfahrung nach verliert diese Art des Denkens an Kraft, sobald Menschen und Kulturen erwachsen werden und einen tatsächlichen Sinnes- und Herzenswandel anstreben«, schreibt Richard Rohr. »Dann beginnt *transformatives* Denken, das frühere *transaktionelle* Denken zu verdrängen« (Seite 179).

Wie anders wären unser Leben, die Qualität unserer Beziehungen und unser Respekt gegenüber denjenigen, die anders sind als wir, wenn wir wirklich die Bedeutung dieser Worte begreifen würden, dass nämlich

»... nicht Gott gewalttätig ist, sondern wir;

... nicht Gott Menschen Leiden abverlangt, sondern wir;

... Gott weder Jesu Leiden noch unser Leiden braucht oder will« (Seite 185).

ZUM NACHDENKEN

1. Wie sahen deine frühesten Überzeugungen dazu aus, weshalb Jesus am Kreuz gestorben ist? Hältst du diese heute immer noch für richtig?

2. Nimm dir Zeit, über die Vorstellung nachzudenken, dass das Kreuz »*eine aus freien Stücken gewählte Offenbarung der totalen Liebe Gottes*« ist (Seite 182). Wenn das wahr ist: Wie würde es dein Gottesbild und deine alltäglichen Gotteserfahrungen beeinflussen?

3. Denke an eine Beziehung, in der du einen anderen Menschen auf eine transaktionale Weise geliebt hast. Was könntest du konkret verändern, um deine transformative Liebe inniger zu äußern? Diese Aktion oder Konversation würde zum Ausdruck bringen, dass du diese Person weiterhin lieben wirst, egal, ob sie sich verändert oder nicht.

27. ÜBUNG: ERNEUERUNG

»[Jesus] ist nicht gekommen, um Gottes Einstellung uns gegenüber zu verändern. Die musste nicht verändert werden. *Jesus ist gekommen, um unsere Meinungen über Gott – und über uns selbst – zu verändern und darüber, worin Gut und Böse tatsächlich bestehen.*«

(Seite 194)

Richard Rohr stellt fest, dass die »meisten von uns nach wie vor darauf getrimmt [sind], die Heilige Schrift mit den klassischen Gesetzen der Justiz im Hinterkopf zu lesen« (Seite 186). Das kann dazu führen, dass wir uns allzu leicht mit der Idee einer ausgleichenden Gerechtigkeit zufriedengeben, wenn es darum geht, die Heilige Schrift auszulegen und unsere alltäglichen Beziehungen zu gestalten. »Ich passe auf deine Kinder auf, weil ich weiß, dass du dich revanchieren wirst.« »Ich habe eine Einladung zu deiner Feier erwartet; schließlich lade ich dich ja auch immer ein.« »Du bist mir etwas schuldig für …« Diese Denkweise beruht auf der Lebenseinstellung: »Wie ich dir, so du mir.« Sie kann unsere Grundhaltung werden, wenn wir Gott in erster Linie als Richter sehen, der sich an das Prinzip »Auge um Auge, Zahn um Zahn« hält. Richard Rohr betont: »Die Jurisprudenz hat einen wichtigen Platz in der menschlichen Gesellschaft, darf aber nicht auf die Spiritualität übertragen werden. Sie kann uns niemals in den Raum einer unendlichen Liebe oder eines unendlichen Was-auch-immer führen« (Seite 186).

Ich bemühte mich, Kontakt zu ein paar Freunden zu halten, meldete mich regelmäßig bei ihnen und versuchte mitzubekommen, wie es ihnen ging. Sie meldeten sich bei mir dagegen kaum und sahen kaum einmal bei mir vorbei. Da dachte ich bei mir: »Ich habe euch doch zu dieser Fahrt eingeladen; ihr hättet mich dann doch auch zu dieser Party einladen können.« Ich konnte es nicht verstehen und diese Diskrepanz fühlte sich sehr unfair an. Schließlich dämmerte mir, dass ich ihnen eine Bringschuld zusprach. Ich glaubte, dass diese Freunde mir etwas schuldeten. Ich erkannte, dass sie entscheiden konnten, was sie tun wollten, und ich konnte meine eigenen Pläne machen – und sie immer noch mit einbeziehen, wenn ich das wollte. Das half mir sehr, mich zu entspannen. Als jener Druck nicht mehr auf unseren Freundschaften lastete, kam ich einigen meiner Freunde näher und von anderen entfernte ich mich auf ganz natürliche Weise. Nicht mehr in der Kategorien von »Wie du mir, so ich dir« zu denken war für die Weise, wie ich fortan meine Beziehungen lebte, eine große Erleichterung.

Es kann dauern, bis wir von einem von Rechtsregeln bestimmten Denken wegkommen und eine Haltung einnehmen können, die auf »Gnade und Freiheit« beruht (Seite 196). Um dahin zu kommen, müssen wir beginnen, Gott und die Wirklichkeit auf ganz andere Weise zu betrachten. Richard Rohr gibt eine Aussage von Thérèse von Lisieux in seinen eigenen Worten folgendermaßen wieder: *»Es gibt eine einzige Wissenschaft, von der Gott rein gar nichts versteht – nämlich Addition und Subtraktion«* (Seite 187).

Richard Rohr kommt auf die Neigung des Menschen zu sprechen, einen Sündenbock zu suchen, wie das der Philosoph René Girard beschrieben hat. Die Vorstellung eines Sündenbocks leitet sich von einem Ritual ab, das Israel am »Versöhnungstag« vollzog: Die Sünden des Volkes wurden symbolisch einem Bock aufgeladen, den man dann in die Wüste trieb, damit er dort verdurste und so die Sünden des Volkes mitnehme und tilge. »Das Ritual erlaubte, die Sünden woandershin zu exportieren, anstatt persönlich zu ihnen zu stehen« (Seite 190).

Und Richard Rohr fährt fort: »[Der Sündenbock] spiegelt und offenbart eindrucksvoll das universelle, wenn auch weitgehend unbewusste menschliche Bedürfnis, die eigene Schuld auf etwas anderes (oder auf jemand anderen) zu übertragen, indem jemand oder etwas anderes herausgegriffen und – ohne selbst etwas verbrochen zu haben – misshandelt wird. Dieses Muster zeigt sich in so vielen Bereichen der Gesellschaft und in unserem Privatleben« (Seite 190).

Wenn wir unsere Sünden anderswohin projizieren, beschäftigen wir uns unbewusst mit unseren Schatten. Wenn wir unsere eigenen Sünden verleugnen, lehnen wir die gleichen Eigenschaften bei anderen ab und – so Richard Rohr – hassen in den anderen unsere eigenen Fehler (Seite 193). Aber wenn wir uns vom Bild eines strafenden Gottes abwenden, hin zu einem Gottesbild, das eher vergebend und heilend ist, gewinnen wir die Zuversicht, dass wir zu unseren Sünden stehen können, im Wissen, dass Heilung und Annahme möglich sind.

Vor einigen Jahren war ich bei einem Ritual dabei, in dessen Rahmen die Teilnehmer als Gemeinschaft

Dinge eingestanden, die die meisten bei sich selbst nicht zugeben würden. Richard Rohr nahm mich einmal zum alljährlichen »Green Corn Dance« in einem der Pueblo-Dörfer in New Mexico mit. Die Trommelschläge bewirkten eine ehrfürchtige Stille, als die Männer und Jungen aus der heiligen *kiva* auftauchten, einer kreisförmigen Steinkammer, die für soziale und spirituelle Zeremonien genutzt wird. Als sie mit nackten Oberkörpern und in prächtigen Mokassins auf den Platz kamen, mit wehenden Fuchshäuten um ihre Taillen, gesellten sich die Frauen und Mädchen ihres Clans zu ihnen. Die Frauen waren barfuß, hatten türkise Spangen im Haar und Rasseln und immergrüne Zweige in den Händen. Tausende sahen zu, wie der Clan tanzend, singend und trommelnd in einer Prozession rund um den Platz zog.

Dann erschien eine weitere Gruppe von Männern, deren Körper mit schwarzer und weißer Farbe bemalt waren, bekleidet nur mit einem Lendenschurz. Jeder von ihnen trug eine Halskette, die aus vielen farbigen Penissen aus Metall bestand. Das Singen und Trommeln verstummte, als diese Männer der herankommenden Prozession entgegentanzten, sich zwischen die Männer, Frauen und Familien mischten und sie mit ihren mäandernden Bewegungen voneinander trennten. »Das ist das Symbol für die diesjährige Hauptsünde«, flüsterte Bruder Richard. »Etwas Sexuelles trennt sie voneinander.« Ich war noch nie Zeuge eines eindrucksvolleren Rituals geworden. Die Mitglieder des Pueblos waren mutig genug, als Gemeinschaft öffentlich zu beleuchten, was gewöhnlich unausgesprochen, privat und verleugnet bleibt.

Wenn wir den Mut haben, unsere Sünden beim Namen zu nennen, müssen wir sie nicht mehr auf andere projizieren. Indem wir Verantwortung übernehmen, brauchen wir nicht mehr schamhaft zu verleugnen, was uns misslungen ist, sondern können in unserem Inneren geheilt und kuriert werden.

ZUM NACHDENKEN

1. Neigst du dazu, die Welt eher aus der Sicht des »dieses für jenes« zu sehen, also der vergeltenden Perspektive des Bestrafens, Abwägens und Aufzählens, oder der von Gnade erfüllten Perspektive des Heilens und Nachsichtigseins?

2. Auf welche Weisen machst du andere zu Sündenböcken oder verlangst unbewusst, dass sie leiden oder bestraft werden, *bevor* du deine eigenen Fehler eingestehst?

28. Übung: Kreuzförmig

»Jesus war bereit, das Mysterium des universalen Leidens zu tragen. Er ließ zu, dass ihn das verändert hat (›Auferstehung‹) und hoffentlich auch uns, so dass wir vom endlosen Kreislauf befreit wären, unseren Schmerz entweder auf andere zu projizieren oder in ihm gefangen zu bleiben.
Dies ist das vollständig auferstandene Leben, die einzig mögliche Existenzweise, nämlich glücklich, frei, liebevoll und insofern ›gerettet‹.«

(Seite 188)

Woher kommt es, dass wir unseren Schmerz so leicht anderswohin projizieren? Oder anders gefragt: Warum ist es so schwierig für uns, unseren eigenen Schmerz anzunehmen? Bei vielen hängt das zusammen mit der vorherrschenden Erzählung unserer Kultur, nämlich mit dem Meta-Narrativ vom Erfolg. Wenn vor allem das Streben nach Fortschritt, großartigen Ergebnissen und Bequemlichkeit uns antreibt, kann es schwierig sein, unseren Schmerz und unsere Gebrochenheit zu akzeptieren.

Viele erhalten schon in jungen Jahren Botschaften wie »Ich muss in der Schule gut sein«, »Ich muss beliebt sein«, »Ich muss schön sein«, »Ich muss Geld verdienen«. Diese Forderungen lassen wenig Raum für Verlust und Versagen, und so kommt es, dass wir dann, wenn wir mit den unvermeidlichen Enttäuschungen des Lebens konfrontiert werden, dazu neigen, unseren Schmerz vor anderen zu verbergen – und sogar vor uns selbst. Manche internalisieren ihren Schmerz, was zu körperlichen Krankheiten, Depression und geringem Selbstvertrauen führt. Andere projizieren den Schmerz nach außen auf andere Menschen und Gruppen, die sie nicht mögen. Normalerweise machen wir ein bisschen von beidem. Aber solange wir uns dieses versteckten Schmerzes nicht bewusst sind, werden wir uns weiterhin innerlich gebrochen fühlen und dieses Gebrochensein auf andere projizieren und sie zu Sündenböcken machen.

Irgendwann holt uns das Leben ein und wir sehen uns gezwungen, unsere Prioritäten neu zu bewerten. Wir brauchen eine andere Geschichte, eine, deren Rahmenerzählung mehr Inhalte hat als Fortschritt und Erfolg. Richard Rohr schreibt:

»Der Göttliche Geist wandelt alles menschliche Leid, indem er sich mit dem Dilemma des Menschen identifiziert und ihm von Anfang bis Schluss in voller Solidarität beisteht. Dies ist die wahre Bedeutung der Kreuzigung« (Seite 187).

Vor einigen Jahren begleitete ich eine Frau als Coach, deren Job es war, die Storyboards von Animationsfilmen zu entwickeln. Als professionelle Erzählerin bemühte sie sich angestrengt darum, die Rahmenerzählung ihres eigenen Lebens zu erkennen. Als ich sie fragte, ob sie mit der »Heldenreise« vertraut sei, leuchteten ihre Augen. »Natürlich. Ich verwende sie die ganze Zeit. Alle unsere Filme folgen diesem Muster.«

In diesem Muster gerät der »Held«, ein gewöhnlicher Mensch, in ein Abenteuer, das ihn aus seinem gewöhnlichen Alltag herausreißt und eine besondere, unbekannte Welt entdecken lässt. Er hört den Ruf und findet einen Mentor, während er tiefer in die unbekannte Welt eintaucht, um sich Herausforderungen und Prüfungen zu stellen. Er erlebt schließlich eine Feuerprobe oder schreckliche Prüfung, und stirbt manchmal sogar dabei. Aber er besiegt den Tod, und es wird ihm eine Gabe verliehen, die er anderen Menschen in der gewöhnlichen Welt zurückbringen kann. Wenn der Held wieder heimkehrt, erkennen die anderen ihn zunächst gar nicht mehr wieder, weil er so sehr von der Erfahrung des Sterbens und Wiedergeborenwerdens, von Abstieg und Auferstehung geprägt ist.

Dieser Heldenreise begegnen wir in Filmen und Büchern, die von der transformierenden Bedeutung dessen erzählen, die es hat, sich dem Schmerz und dem Leiden in uns selbst und in der uns umgebenden Welt zu stellen. Richard Rohr beschreibt, wie sehr die Heldenreise »der Erzählung über das Kreuz, den Tod und die Auferstehung in der Christenheit« (Seite 304) gleicht. Es ist das Muster der spirituellen Transformation von Ordnung, Unordnung und Neuordnung, die wir im Lauf unseres Lebens viele Male durchleben (Seiten 305–308). Aber es ist für uns so herausfordernd, uns auf dieses Muster einzulassen. Normalerweise erkennen wir diese Herausforderung gar nicht, bis wir schließlich zurückblicken auf das, was wir durchgemacht haben.

Ich bat die Frau, die ich begleitete, darum, Storyboards über ihr eigenes Leben zu entwickeln, darüber nachzudenken und zu überlegen, wo dieses Muster der Heldenreise in ihrem Leben auftauchte. Nach einiger Zeit flossen die Tränen und sie begann, ihren aktuellen Schmerz und ihr Leiden als Bestandteil einer viel größeren Erzählung zu sehen. Sie erinnerte sich an frühere Zeiten, in denen sie gelitten hatte. Harte Zeiten, die sie unerwarteterweise überstanden und durch die sie jedes Mal eine neue Perspektive auf das Leben gewonnen hatte. Jetzt stand sie wieder an einem Punkt, an dem sie damit rang, die Herausforderungen und Schwierigkeiten zu verstehen, mit denen sie sich konfrontiert sah. Indem sie sich an die größere Geschichte der »Heldenreise« erinnerte, konnte sie sowohl den Schmerz ihrer derzeitigen Situation als auch die Hoffnungsperspektive auf die lang ersehnte letztendliche Transformation erkennen. Sie war in der Lage, die Spannung auszuhalten, die darin besteht, nicht alles im Griff zu haben und den vor ihr liegenden Weg noch nicht zu kennen, aber dennoch darauf zu vertrauen, dass aus den gegenwärtigen Herausforderungen etwas Gutes entstehen würde.

Richard Rohr schreibt über diese Erfahrungen: »Dies ist das ›verbindende Muster‹, das unsere Beziehung zu allem, was uns umgibt, auf soliden Boden stellt« (Seite 304). Im diesem Kontexts ist »[d]as Kreuz ... nicht nur ein singuläres Ereignis. Es ist ein göttliches Statement, *das in Wirklichkeit die Form eines Kreuzes hat* ... Jesus [hat] gezeigt, dass die Realität keineswegs sinnlos und absurd ist, selbst wenn sie sich nicht immer völlig logisch oder folgerichtig darstellt ... Das Evangelium ist schlicht und einfach die Weisheit derjenigen, die bereit sind, ihren Teil des unendlichen Leidens Gottes mitzutragen« (Seite 188f).

Die Geschichte meiner Klientin hat mich daran erinnert, wie oft ich dieses Muster in meinem eigenen

Leben übersehe. Ich kann es leicht bei anderen Menschen erkennen, aber ich bin so sehr in meine eigenen Kämpfe verstrickt, dass es mir schwerfällt, das »verbindende Muster« zwischen meinem und allem Leiden zu erkennen, zwischen meiner Transformation und meinem Wachstum und demjenigen, das mich umgibt. Richard Rohr sagt uns: »Jene Menschen, die die Gegensätze aushalten und in sich selbst auflösen und vereinen, retten die Welt. Sie sind die einzig wahren Handlungsträger der Transformation, Versöhnung und Erneuerung« (Seite 188).

ZUM NACHDENKEN

1. Inwiefern folgst du den Erzählmustern einer Kultur, deren höchstes Streben Fortschritt, Erfolg und Bequemlichkeit ist? Wie hat sich das auf deine Fähigkeit ausgewirkt, dich deinem Leiden zu stellen?

2. Wenn du im Modell der Heldenreise über die Herausforderungen nachdenkst, mit denen du gerade konfrontiert bist: Was glaubst du, worin liegt bei dir der Ruf, dich auf ein Abenteuer einzulassen?

29. Übung: Vollkommene Liebe

»Das Kreuz ist dann ein hochdramatisches Bild dafür, was erforderlich ist, damit jemand für Gott *von Nutzen* ist. Damit ist nicht gemeint, dass du in den Himmel kommst und die anderen nicht; es bedeutet vielmehr, dass du den Himmel schon viel früher betreten hast und deshalb die Dinge bereits jetzt auf eine transzendente, vollendete und heilsame Weise sehen kannst. Diese Gesinnung und dieses Herz auf der Langstrecke durchzuhalten, das ist wahre Spiritualität.«

(Seite 196)

Die Vorstellung, dass das Kreuz uns hilft, in den Himmel zu kommen, unterscheidet sich auffallend von dem, wie das Christentum oft beschrieben wird. Kritiker werfen den Christen vor, dass sie für das Jenseits leben, statt sich aktiv im Diesseits zu engagieren. Und es ist etwas Wahres dran: Wir haben nicht viel Gutes zu verkünden, wenn unser Glaube nur Fluchtplan in ein anderes Leben ist. Richard Rohr schreibt: »Christen sind vor allem dazu berufen, das sichtbare Mitgefühl Gottes auf Erden zu sein, und weniger dazu, ›in den Himmel zu kommen‹« (Seite 188).

Eine Persönlichkeit, die dieses sichtbare Mitgefühl verkörpert hat, war John Hume, der Friedensnobelpreisträger und Architekt des Friedensprozesses in Nordirland. Während seiner Priesterausbildung beschloss er, das Seminar zu verlassen und Lehrer zu werden. Aber angesichts der Gewaltausbrüche in seiner Heimatstadt Derry und inspiriert vom Werk von Dr. Martin Luther King Jr. wurde er Bürgerrechtsaktivist und Politiker. Jahrzehntelang verfocht er die Ansicht, dass man spalterische Politik und rachsüchtige Reaktionen auf ungerechte Verhältnisse hinter sich lassen müsse. Statt andere zum Sündenbock zu erklären oder sich in einen Kreislauf von Anschuldigung und Rache zu begeben, strebte er eine Win-win-Situation an, die alle Beteiligten über alle Grenzen hinweg, die Täter und Opfer in einen Dialogprozess einbezog.

Durch friedlichen Protest und die Solidarität mit den Opfern hat es ein ganzes Land schließlich geschafft, den Kreislauf von systematischen Vergeltungsmaßnahmen zu durchbrechen. Das geschah jedoch um den Preis hoher persönlicher Kosten. Nicht nur Humes Gesundheit litt unter dem jahrelangen unermüdlichen Einsatz für den Frieden, auch seine eigene gemäßigte Partei wurde ins Abseits gedrängt, als zwei andere Parteien, die eigentlich diametral gegensätzliche Positionen vertraten, schließlich eine Koalitionsregierung bildeten. In vollem Bewusstsein dafür, dass seine eigene Partei wahrscheinlich an Einfluss verlieren würde, setzte Hume seinen Einsatz für einen dauerhaften Frieden dennoch fort.

Hume verkörperte das, was Richard Rohr das kreuzförmige Muster im Streben nach Erneuerung und Heilung nannte – jemand, der bereit ist, seinen persönlichen Erfolg zugunsten von etwas viel Größerem aufzugeben. »Der ›Weg des Kreuzes‹ ... wird niemals und nirgendwo zum dominanten Bewusstsein« (Seite 197), schreibt Richard Rohr.

Das widerspricht jeder Kultur, die Fortschritt und Gewinn auf Kosten anderer in den Vordergrund stellt. Aber es führt uns von einem transaktionalen »Wie du mir, so ich dir« hin zu einer inklusiven, zutiefst transformierenden Weise, in der Welt zu sein. Statt eines Preises, der bezahlt werden muss, erkennen wir, »dass das Kreuz *eine aus freien Stücken gewählte Offenbarung der totalen Liebe* Gottes« ist (Seite 182).

Wie können wir das Kreuz praktisch als etwas Versöhnendes und Heilendes betrachten? Unsere Theologie, unsere Einstellungen und unsere Weltanschauung zu überdenken ist ein Anfang. Um jedoch eine dauerhafte Veränderung zu erzielen, müssen wir »die vielen Varianten fahren lassen, mit denen wir andere zu Sündenböcken machen und uns selbst rechtfertigen« (Seite 194). »Was aber heißt es dann, Jesus nachzufolgen?«, fragt Richard Rohr. Wir müssen anfangen, »Mitgefühl mit uns selbst und allen anderen, die leiden« zu entwickeln. »Das geschieht weitgehend auf der psychischen und unbewussten Ebene, aber genau da liegen ja auch all unsere Verletzungen und unsere ganze Gewaltbereitschaft« (Seite 194). Dieses Mitleid mit uns selbst befähigt uns umgekehrt dazu, »die Unvollkommenheit und sogar die Ungerechtigkeiten unserer Welt anzunehmen, und [wir] willigen ein, dass diese Situationen [uns] selbst von innen her wandeln und von dort nach außen wirken, was ohnehin die einzige Art und Weise ist, wie Dinge sich verändern« (Seite 189). An späterer Stelle schlägt Richard Rohr eine Praxis vor, die diesen Prozess in uns in Gang setzen kann: »Ich glaube, wir sind eingeladen, auf den gekreuzigten Jesus zu blicken, um unser Herz jedem Leiden gegenüber erweichen zu lassen, um allmählich zu sehen, wie auch wir selbst immer wieder vom Stachel des Hasses und der Gewalt ›gestochen‹ werden, und um zu begreifen, dass Gottes Herz uns schon immer zärtlich zugewandt war« (Seite 194).

ÜBUNG ZUM NACHDENKEN

Die folgende Übung stammt aus Rohrs Meditation »Ein Dialog mit dem gekreuzigten Gott«: »Ich schlage vor, dass du wartest, bis du eine offene, stille und einsame Zeitnische findest. Dann lies dir das folgende Gebet laut vor, so dass deine Ohren deine eigenen Worte aus deinem eigenen Mund hören können. Zusätzlich schlage ich vor, dass du dich vor einem Bild des gekreuzigten Jesus niederlässt, das dich berührt und dir erlaubt, gleichzeitig zu geben und zu empfangen« (Seite 199).

Wenn du zum zweiten Teil mit der Überschrift »Du sprichst zum Gekreuzigten« gekommen bist, schreibe deine Antwort auf oder sprich sie laut. Du kannst Wertschätzung, Verständnis, Empathie, Dankbarkeit oder etwas ganz anderes ausdrücken. Korrigiere dich nicht; schreibe oder sprich oder schreibe so, als ob niemand außer Christus das jemals hören oder lesen würde. (Richard Rohr schreibt auf den Seiten 199–203 seine eigene Antwort auf; vielleicht möchtest du sie auch laut lesen):

EIN DIALOG MIT DEM GEKREUZIGTEN GOTT – JESUS SPRICHT VOM KREUZ ZU DIR

»Ich bin das, wovor du dich am meisten fürchtest: dein tiefstes, am meisten verwundetes und nacktes Selbst. Ich bin das, was du dem zufügst, was du lieben könntest.

Ich bin deine tiefste Güte und deine tiefste Schönheit, die du leugnest und verzerrst. Deine Bosheit besteht in dem, was du der Güte antust – der eigenen Güte und der Güte aller anderen.

Du läufst vor dem Einzigen davon und bekämpft es sogar, was dich wirklich verwandeln wird. Aber es gibt nichts zu hassen oder zu bekämpfen. Wenn du es versuchst, wirst du selbst zu einem Spiegelbild dessen, was du ablehnst.

Nimm dies alles an – in mir. Ich bin du selbst. Ich bin die gesamte Schöpfung. Ich bin jeder und jede, ich bin jedes Ding« (Seite 200).

Du sprichst zum Gekreuzigten

30. Übung: Ein einziges Leiden

»Ich glaube tatsächlich, dass der einzige Ausweg aus tiefer Traurigkeit darin besteht, *mit ihr und durch sie hindurchzugehen … Fast alle Menschen tragen ein großes und geheimes Leid in sich, auch wenn sie es selbst nicht wissen.*«

(Seiten 206–207)

In seinem Buch *Adams Wiederkehr* schreibt Richard Rohr: »Jede große Spiritualität handelt davon, was wir mit unserem Schmerz tun.«[30] Er spricht davon, dass die »heilige Wunde« von zentraler Bedeutung für unser Reifen ist und wir wie Jakob lernen müssen, hinkend zu gehen (Genesis 32,22–32). Zurückweisung durch ein Elternteil, der unerwartete Verlust eines geliebten Menschen, Vertrauensmissbrauch oder Verrat in einer Beziehung – all das sind Erfahrungen, die bei uns eine tiefe Wunden hinterlassen können.

Zu lernen unseren Schmerz und unsere Traurigkeit zu erkennen und bewusst zu tragen, ist nur der Anfang. Wenn wir »mit ihnen und durch sie hindurchgehen«, können diese Wunden zu »heiligen Wunden« werden, die uns tiefgreifend prägen. Das geschieht, wenn wir zulassen, dass unsere Wunden uns auf einen Pfad der inneren Heilung und der Selbstannahme bringen. Wir können die Transformation unseres Leidens anderen als Geschenk anbieten. Aber das ist ein mühsamer Weg, der den Instinkten einer individualistischen Kultur zuwiderläuft. Richard Rohr schreibt:

»Ich frage mich auch, ob nicht der einzige Weg, Leiden spirituell auszuhalten – und ihm nicht zu erlauben, uns zu zerstören –, darin besteht, dass wir begreifen, dass wir das nicht allein schaffen. Wenn ich heroisch versuche, es selbst zu machen, gleite ich aus in Ablenkungen, Verweigerungen und Vortäuschung falscher Tatsachen – *und lerne nicht die Lektionen des Leidens, die mich weich machen wollen*. Aber wenn ich für etwas eine Bedeutung finden und mit anderen teilen kann, insbesondere, wenn sie mir erlaubt, Gott und andere Wesen in ein und derselben Aktion zu lieben, kann Gott mich durchtragen. Ich beginne, dem vieldeutigen Prozess des Lebens zu trauen« (Seite 207).

Erst unlängst erlebte ich den Schmerz über den Verlust eines guten Freundes und Mentors. Ich weinte zu Hause, trauerte allein und wollte nicht einmal zur Trauerfeier gehen. Aber ich tat es dann doch und ich erinnere mich, wie herzlich seine Familie mich willkommen hieß – wie wir um den offenen Sarg saßen, aßen und tranken, einander Geschichten erzählten, Fotos zeigten und über die originelle Art unseres Freundes Danny lachten. Dann weinten wir und hielten uns aneinander fest, als unsere Gefühle uns überwältigten. Ich fühlte mich gereinigt und weniger versehrt, nachdem ich meinen Schmerz und meine Trauer mit so vielen anderen Menschen geteilt hatte.

Sogar bei der Arbeit kann es Zeiten geben, in denen wir uns auf erfahrenes Leid einlassen und eingestehen, wie sehr es uns und andere betrifft. Ich habe einige wunderbare Augenblicke mit älteren Führungspersönlichkeiten erlebt, die in einem Sitzungssaal versammelt waren, in dem eine große Anspannung in der Luft lag. Bis sich eine Person öffnete und die persönlichen Gründe erklärte, die für ihr ungewöhnliches Verhalten in der letzten Zeit verantwortlich waren. Wir erfuhren von seinem Stress, der durch eine Trennung und Konflikte am Arbeitsplatz verursacht wurde. Jeder hörte aufmerksam zu. Die Kollegen empfanden Mitgefühl und in dem aufrichtigen Austausch, der sich anschloss, entspannte sich die Atmosphäre merklich. Eine Kollegin erzählte davon, wie sie mit der Krankheit eines geliebten Menschen rang. Die in dem Sitzungsaal versammelten Menschen teilten ihr gemeinsames Menschsein miteinander und die Verbundenheit zwischen ihnen wuchs. Für die weitere Arbeit hat sich das dann als sehr hilfreich erwiesen.

Es gibt keinen einfachen Weg durch das Leid, aber es gibt ein Gefühl der Solidarität, des Miteinanders.

»Wenn wir unser kleines Leidenspaket in Solidarität mit der einen universalen Sehnsucht der ganzen Menschheit tragen, dann hilft uns das, dem Selbstmitleid oder dem Kreisen um uns selbst zu entkommen« (Seite 207), betont Richard Rohr. Indem wir mitteilen, was uns belastet, geben wir anderen die Möglichkeit, sich um uns zu kümmern. Wenn wir die Scham und Verlegenheit darüber, wie wir uns fühlen, hinter uns lassen, laden wir auch andere dazu ein, sich ihren eigenen stillen Kämpfen zu stellen.

ZUM NACHDENKEN

1. Welches persönliche Leid empfindest du heute am deutlichsten?

2. Wie kannst du dich ganz praktisch öffnen und anderen erlauben, an deinem Leiden Anteil zu nehmen (zum Beispiel ein Gespräch beginnen, eine E-Mail schreiben, um Hilfe bitten)?

3. Wie kannst du dich ganz praktisch mit anderen Leidenden solidarisieren (zum Beispiel, indem du dich öffentlich äußerst, ein Gespräch beginnst, einen Besuch machst, um Verzeihung bittest, jemandem in Not hilfst, eine Unterkunft anbietest, einem Tier hilfst oder in deiner Umgebung Müll aufsammelst)?

31. Übung: Alles in einem Batzen

»Wenn wir den gemeinschaftlichen Sinn und die Bedeutung des Leidens allen Lebens und aller Ökosysteme auf unserem Planeten nicht herausfinden, werden wir uns bei der Suche nach Sicherheit und Unversehrtheit auch künftig in unsere kleine Privatwelt zurückziehen.«

(Seite 213)

»Fühlst du dich erlöst?« Viele von uns wurden das schon gefragt. Vielleicht haben wir uns diese Frage auch schon selbst gestellt. Richard Rohr erklärt, dass diese individuelle Sicht der Erlösung sich von einer »totale[n] Kollektivsicht der Dinge« unterscheide, die »ein Widerhall des biblischen Konzepts der ›Bundesliebe‹ [sei], die Israel insgesamt zuteil wurde« (Seite 209f).

Innerhalb dieser kollektiven, gemeinschaftlichen Sicht der Erlösung lehrte der Autor von »Die Wolke des Nichtwissens«[31], »Gott habe in Christus Sünde, Tod, Vergebung und Erlösung *›alle in einem Batzen‹* erledigt« (Seite 208).

Dieser Satz spiegelt das »eher ... ostkirchliche Verständnis der *Auferstehung als ein Gesamtphänomen* und deutet nicht nur auf einen einsamen Jesus, der von den Toten aufersteht« (Seite 207). »Die »wichtigste Metapher Jesu« ist, so Richard Rohr, ist das »›Reich Gottes‹, was eine totale Kollektivsicht der Dinge ist. Manche Neutestamentler sagen, das sei so gut wie das einzige Thema, über das Jesus überhaupt rede« (Seite 209). Aber bereits seit dem Großen Schisma (im Jahr 1054 n. Chr.) hat man im Großteil der Westkirche diese Betonung des Umfassenden vergessen.

Wie reagieren wir auf diese Vorstellung, mit dem Kollektiv in einen Topf geworfen zu werden? Das wird von unserer Persönlichkeit, unserer Lebenserfahrung und vor allem von den je eigenen kulturellen Wertvorstellungen abhängen. Professor Geert Hofstede, einer der führenden Experten zum Thema ›Kulturelle Werte‹, hat individualistische Gesellschaften als Räume definiert, in denen Menschen »eine Vorliebe für einen locker angelegten sozialen Rahmen haben, in dem von den Einzelnen lediglich erwartet wird, dass sie sich um sich selbst und ihre unmittelbaren Familienmitglieder kümmern«.[32] Kollektivistische Gesellschaften dagegen seien Räume, in denen Menschen »eine Vorliebe für ein engmaschiges Netz haben, in dem die Individuen erwarten können, dass Verwandte oder Mitglieder einer bestimmten Gruppe sich um sie kümmern, und das im Austausch gegen eine bedingungslose Loyalität«.[33] Natürlich sind Individualismus und Kollektivismus kein binäres Konstrukt, sondern Teil eines Kontinuums. Aber allein, wenn du diese einfachen Definitionen liest, wirst du merken, welche am besten die Gesellschaft beschreibt, in der du aufgewachsen bist und jetzt lebst.

Wenn wir in einer individualistischen Kultur aufgewachsen sind, kann es sein, dass uns diese »totale Kollektivsicht«, dieser »Batzen« des »Gottesreichs« schockierend, fremdartig oder sogar gefährlich vorkommt. Eine gemeinschaftliche, kollektive Erlösung kann einigen unserer tiefsten Werte ziemlich zuwiderlaufen. »Das ist mein Recht.« »Ich darf meine eigene Meinung haben.« »Damit bin ich nicht einverstanden; ich gehe einen anderen Weg.« Alle diese Sätze zeugen von der grundlegenden Ansicht, dass das Ich mindestens genauso wichtig, wenn nicht sogar wichtiger ist als das Kollektiv. Aber Richard Rohr hält dagegen: »Bis wir damit anfangen, die Jesusgeschichte mit jener Gemeinschaftsbrille zu lesen, die uns der Christus anbietet, glaube ich, offen gestanden, dass wir einen Großteil des Kerns seiner Botschaft nicht mitkriegen und sie insgesamt so lesen, als ginge es um individuelle Erlösung, Belohnung und Bestrafung. Die Gemeinschaft und Gesellschaft werden so von all dem gar nicht berührt« (Seite 209f).

Ich habe diese kollektive Begrifflichkeit persönlich immer als herausfordernd empfunden. Meine Arbeit als Coach und Therapeut spielt sich ganz in einem individualistischen Milieu ab. Ich ermutige meine Klientinnen und Klienten, ihre eigene Stimme zu finden, gegenüber anderen gesunde Grenzen zu setzen, sich in ihrem Körper wohlzufühlen und Verantwortung für sich selbst wahrzunehmen. Ich halte diese Dinge für grundlegend wichtig. Wenn wir aber auf unser individuelles Glück fixiert bleiben und nicht auch auf andere Menschen innerhalb des Kollektivs zugehen, verpassen wir die umfassendere Botschaft des Evangeliums und eine tiefgreifendere Lebenserfahrung.

Damit wir diese kollektive Idee erleben können, müssen wir uns mit anderen Menschen in unserer Gesellschaft solidarisieren. Wir müssen über die Empathie hinausgehen und aktiv unseren Platz auch *bei den anderen* einnehmen und ähnliche Lebensbedingungen wie sie erleben. Wie das aussehen kann, wird von dem abhängen, wer wir sind, wo wir sind und was wir als Nächstes tun wollen.

Für die einen kann Solidarität mit anderen so aussehen, dass sie ihr Schlafzimmer einer Flüchtlingsfamilie anbieten. Für die anderen kann es heißen, dass sie ihr Fachwissen ehrenamtlich anderen Menschen zur Verfügung stellen, die Unterstützung brauchen. Verfolgten Menschen persönliche Briefe schreiben und uns mit ihnen anfreunden, Obdachlose in unserem Wohnviertel kennenlernen und sich um sie kümmern oder sich einer Bewegung anschließen, die sich für Gerechtigkeit einsetzt – all das sind Möglichkeiten, unsere Solidarität mit anderen sichtbar zum Ausdruck zu bringen. Es bedarf nicht immer großer Gesten. Einem Freund, der in Not ist, wirklich zuzuhören, ist ein genauso guter Anfang, um unsere Perspektive vom »Ich« auf das kollektive »Wir« zu verlagern.

»Sobald ich weiß, dass jedes Leid sowohl unser Leid als auch Gottes Leid ist, kann ich die Trostlosigkeiten und Enttäuschungen, die mir begegnen, besser und vertrauensvoller tragen. Ich kann mit weniger Komfort und Bequemlichkeit leben, wenn ich meinen eigenen Beitrag zur globalen Erwärmung sehe. Ich kann öffentlich mit behutsamer und vertrauensvoller Stimme auftreten, wenn das hilft, zwischenmenschlichen Hass und Argwohn zu mindern. Ich kann aufhören, um die eigene Gruppe eine Wagenburg zu errichten, wenn uns das dabei unterstützt, unser gemeinsames Menschsein zu entdecken« (Seite 215).

ZUM NACHDENKEN

1. Lies noch einmal die Definitionen der individualistischen und kollektivistischen Gesellschaften am Anfang dieser Übung. Welche Aspekte der jeweiligen sozialen Kultur haben über die Jahre deine Entwicklung geprägt?

2. Welche dieser Werte und Sichtweisen haben am meisten dazu beigetragen, wer du heute bist, welche Entscheidungen du täglich triffst und wie du deinen Glauben und deine Spiritualität betrachtest?

3. Was ist der nächste einfache Schritt in Richtung Solidarität mit anderen, zu dem es dich drängt? Überdenke noch einmal, was du nach der letzten Übung getan hast, und bete oder schreibe, um zu sehen, was sonst noch in dir hochkommt.

32. ÜBUNG: AUFERSTEHUNG

»›Auferstehung‹ ist ein anderes Wort für Veränderung, aber insbesondere für positiven Wandel – was wir tendenziell nur langfristig sehen. Kurzfristig sieht es oftmals einfach nach Tod aus.«

(Seite 219)

Richard Rohr weist darauf hin, »dass wir auf die Auferstehung Jesu vertrauen können, *weil wir bereits sehen können, wie sich auch überall sonst Auferstehung ereignet*« (Seite 218). Vom Entstehen der Sterne bis zu ihrem Verglühen, bis zur Art und Weise, wie die Materie ihre Form verändert, hat die moderne Wissenschaft gezeigt, dass die Wiedergeburt ein »kosmisches Muster« ist, das im gesamten Universum wirkt (Seite 218). Richard Rohr schreibt: »Auferstehung ist schlicht die logische Folge der Inkarnation. Wenn Gott der Materie innewohnt, können wir von Natur aus an die ›Auferstehung‹ des Leibes glauben. Oder ganz einfach gesagt: Nichts, was wirklich gut ist, kann sterben!« (Seite 218).

Als ich den Glauben kennenlernte, suchte ich intensiv Antworten auf große Fragen wie »Was passiert, wenn wir sterben?« und »Wie kann ich die Erkenntnisse der Naturwissenschaft nachvollziehen, während gleichzeitig die Schöpfungserzählung im Buch Genesis in mir nachhallt?« Als mir immer klarer wurde, was ich alles nicht wissen oder begreifen konnte, kehrte ich regelmäßig zu dem Gedanken zurück, dass, *falls* Gott existiert, auch *das* möglich ist (selbst wenn ich es nicht verstehe).

Mir gefällt sehr, wie Richard Rohr das formuliert: »Ebenso wie die erste Schöpfung, die das Sein aus dem Nichts hervorgebracht hat *(creatio ex nihilo)*, dem menschlichen Geist unmöglich vorkommt, scheint auch jede Vorstellung von einem Leben jenseits des Todes denselben gewaltigen Glaubenssprung zu verlangen« (Seite 222).

Wir mögen wunderschöne und stimmige theologische Überzeugungen haben, aber worauf es am meisten ankommt, ist die Art und Weise, wie wir auf die tagtäglichen Tode reagieren, die jedem von uns widerfahren. Sehen wir Fülle, neues Leben und Auferstehung, oder sehen wir Mangel und Tod? Richard Rohr weist darauf hin, dass es im Vorwort zur katholischen Bestattungsliturgie heißt: »›Das Leben hört nicht auf, es wird nur verwandelt‹« (Seite 219). Das Gleiche gilt für die kleinen Tode, die wir im Lauf unseres Lebens erfahren.

Ich habe einmal während eines Konjunkturrückgangs meinen Job verloren. In den Wochen danach schwankte ich zwischen dem, was Richard Rohr »eine Weltsicht des Mangels« und einen Glauben an den »göttlichen Überfluss« nennt (Seite 221). Ich hatte Angst und war besorgt und verwirrt. Schließlich bekam ich ein anderes Jobangebot. Die neue Aufgabe war ein deutlicher Schritt nach oben, eine Beförderung bei einem anderen Arbeitgeber, aber die Zeit der Ungewissheit und des Mangels hatte in mir eine tiefgreifendere Reaktion hervorgerufen: Ich dachte an die Zeiten in meinem vorigen Job, als ich mir gewünscht hatte, mich anders einbringen und ausdrücken zu können. Ich stellte mir mich selbst in ferner Zukunft vor und fragte mich, was mein älteres Ich mir wohl raten würde zu tun.

Ich beschloss, das Risiko einzugehen: Ich kündigte den neuen Job und begann ein völlig neues Projekt.

Die Unsicherheit und Ungewissheit dieses neuen Unternehmens gehörte zweifellos zu den intensivsten Glaubensreisen meines Lebens. In den ersten beiden Jahren habe ich oft körperlich vor Angst gezittert. Ich konnte vor mir selbst oder meinem Gottesverständnis und meiner Gotteserfahrung nicht davonlaufen. Täglich stand es mir offen, »positiven Kontakt … mit der Göttlichen Personalität« aufzunehmen oder negativen Kontakt mit »Hass, Angst oder Ablehnung« (Seite 225). Mein tägliches kontemplatives Sitzen bekam eine neue, tiefe Bedeutung: Ich nahm alle meine Sorgen genauer wahr (»Was ist, wenn der Kunde nicht unterschreibt? Wie soll nächsten Monat Geld hereinkommen?«), erlaubte mir, sie wirklich zu fühlen, und legte sie dann als offene Gebete vor Gott. Nach der Gebetszeit stand ich auf und stellte mir vor, dass ich die Sorgen dieses Tages auf meinem Kontemplationsplatz zurücklasse. Ich verneigte mich dankbar vor ihnen, weil sie mir mein ängstliches Ego vor Augen geführt hatten, und ließ mich dann auf den vor mir liegenden Tag ein. Als ich mich allmählich weniger auf die Zukunft und mehr auf meine momentane Präsenz konzentrierte, begann ich, diesem neuen Gefühl der Fülle, diesem neuen Leben zu vertrauen.

Unser Gottesbild beeinflusse unser Menschenbild, betont Richard Rohr. Wenn es um Hoffnung und neues

Leben gehe, so sagt er, gebe es in der Regel zwei umfassende Interpretationen dessen, was Auferstehung – jetzt und in der Zukunft – wirklich bedeute: »Das häufigste Gleichnis und Bild, das Jesus für diesen Endzustand der Dinge benutzte, waren unterschiedliche Varianten eines Hochzeitsmahls oder Festessens. In allen vier Evangelien bezeichnet sich Jesus selbst als der Gastgeber oder ›Bräutigam‹ eines offenen und allgemein zugänglichen Festmahls, zu dem ›Gute und Böse gleichermaßen‹ eingeladen sind (Matthäus 22,10). Er wusste allerdings, dass so etwas nicht automatisch gut ankommen würde. Deshalb sind von Vorneherein gewisse Widerstände in den Text eingebaut« (Seite 221).

Diese negative Reaktion auf das Angebot der göttlichen Fülle nennt man »Sünde« oder sogar einen »Zustand von Hölle, die in Wirklichkeit kein geographischer Ort ist, sondern ein ganz realer Bewusstseinszustand« (Seite 225) ist.

Richard Rohr schreibt: »Der geizige Geist kann das großzügige Hochzeitsmahl nicht ausstehen. Er zieht als Metapher für das Ende der Zeit eine dualistische Szene im Gerichtssaal vor, weshalb die Sache mit den Schafen und den Böcken aus Matthäus 25 das Endzeit-Gleichnis ist, an das sich die meisten Leute erinnern, selbst wenn sie seiner eigentlichen Botschaft nicht folgen, bei der es ja um die Fürsorge für die Armen geht, und nur an den gruseligen Urteilsspruch am Ende denken« (Seite 222).

Wie reagieren wir also auf die täglichen Tode, die wir erleben, *und* lassen wir uns gleichzeitig auf die Auferstehung heute ein? Wir nehmen die Ungewissheit an. Wir entscheiden uns dafür, mit unseren Kindern zu spielen, während wir uns in Gedanken mit den Dingen beschäftigen, denen wir uns stattdessen widmen sollten; wir nehmen an anderen Menschen Eigenschaften wahr, die wir nicht mögen, denken aber darüber nach, was *wir* vielleicht projizieren; wir hören auf, Argumente zu sammeln, und fühlen uns in die Standpunkte der anderen ein.

»Mut und Zuversicht sind unsere Botschaft! Nicht Androhung und Angst« (Seite 225), betont Richard Rohr, und weiter: »Es ist für mich sehr interessant, dass das Neue Testament nur jene als *Apostel* ›aussendet‹, die man als ›Zeugen der Auferstehung‹ bezeichnen kann (Lukas 24,48; Apostelgeschichte 1,22; 3,15b; 13,31), das heißt Zeugen jenes immensen inneren und äußeren Dialogs, der permanent stattfindet« (Seite 225).

ZUM NACHDENKEN

1. Denke einen Augenblick lang über die täglichen Tode nach, die du erlebst. Siehst du darin eher Fülle, neues Leben und Auferstehung oder Mangel und Tod?

2. Nimm dir etwas Zeit, um über Gleichnisse Jesu zum Endzustand der Dinge nachzudenken oder zu schreiben: das Hochzeitsmahl (Matthäus 22,1–14; Lukas 14,15–23) und die Gerichtsszene (Matthäus 25,31–46). Welche Aspekte sprechen dich besonders an?

3. Wie könnte der Gedanke, Mut und Zuversicht zu deiner Botschaft zu machen, heute in deiner Haltung, in deinen Entscheidungen und Reaktionen sichtbar werden?

33. Übung: Als Licht offenbart

»Menschen, die tatsächlich mit Liebe und Licht im Bunde sind, sehen auf Dauer alles auf eine vorzügliche Art und Weise, die dem Rest von uns nicht ohne Weiteres zugänglich ist … Lichtmenschen werden einfach ein hohes Maß von Sehfähigkeit zeigen, und das reicht sowohl in die Tiefe als auch in die Weite und erlaubt ihnen, immer mehr zuzulassen und immer weniger auszugrenzen.«

(Seite 228f)

»Bei der Auferstehung wurde Jesus vollends als der ewige und unsterbliche Christus in körperlicher Gestalt offenbar« (Seite 226). Diese Offenbarung manifestiert sich auf verschiedene Weisen, angefangen am Ostersonntag, als »die Gräber ... sich auf[taten], und viele Körper von Entschlafenen« auferweckt wurden (Seite 226).

In den folgenden Tagen und Wochen sahen die, denen Jesus begegnete, in seinem auferstandenen Leib die Verdichtung seiner Lehre und seiner Wunder. Sie erkannten, dass er mehr war als der Mensch Jesus, der den Parametern von Leben und Tod unterworfen war; er war zugleich der ewige Christus. Richard Rohr schreibt, dass »seine Bedeutung für die Menschheit und für uns allumfassend, persönlich und anziehend, [wurde] zumindest für die, die bereit sind, der Realität durch ihn zu begegnen« (Seite 228). Aber für die ersten Nachfolger Jesu war die Auferstehung nicht der erste Blick auf diese Veränderung. Die Evangelien erzählen von Vorläufern dieses Augenblicks, bei denen Jesus »nach und nach als ›Licht‹ offenbart« wurde« (Seite 227) – am bemerkenswertesten in seiner Verklärung.

Genauso brauchen auch wir nicht auf unseren Tod und unsere endgültige Auferstehung zu warten, bevor »Liebe und Licht« in uns offenbart werden. Richard Rohr erinnert daran, dass die meisten »solche Auferstehungsmomente mitten im Leben, wo sich ab und an ›der Schleier lüftet‹« (Seite 227), kennen.

Diese Auferstehungserfahrung kann jederzeit stattfinden, aber oft merken wir erst nach einer längeren Zeit der Finsternis, dass die »Schleier sich lüften«. Es könnte sein, dass wir tief in unserer Trauer stecken und kaum essen oder schlafen können. Aber mit der Zeit verändert sich etwas. Wir merken, dass wir wieder ins Restaurant gehen, um Freunde zu treffen. Wir sprechen über unseren Verlust und unseren Schmerz, aber manchmal lachen wir auch. Der tiefe Schmerz verwandelt sich in ein leises Ziehen und wir fangen langsam an, wieder freier zu werden.

Vielleicht haben wir lange Zeit eine große Verletzung in uns getragen. Wir spüren den brennenden Schmerz der Unversöhntheit, die Wut, die uns wieder befällt, wenn wir an den Menschen denken, der uns verletzt hat, bis wir an den Punkt kommen, an dem wir die Verwundung lange genug mit uns getragen haben. Wir warten nicht mehr darauf, dass die andere Person sich endlich ändert, sondern beschließen, ihr vorbehaltlos zu vergeben.

Richard Rohr schreibt dazu: »Wenn du die Erfahrung gemacht hast, in den weiten Raum göttlicher Liebe aufgenommen worden zu sein, gibt es keinen Platz mehr für menschliche Strafen, Rache, vorschnelles Urteilen oder den Ruf nach Vergeltung. Von solch geistiger Enge sehen wir gewiss nichts im auferstandenen Christus, obwohl er eben noch Ablehnung, Verrat und einen grausamen Tod erlitten hat; wir sehen das auch nicht in seinem inneren Zirkel oder im gesamten Neuen Testament. Eine umfassendere und mehr Raum gebende Lebensweise kann ich mir nicht vorstellen« (Seite 92f).

Die Erfahrung des »Schleierlüftens«, die mich am meisten bewegt, ist es, wenn Menschen ihre *Persona* ablegen und sich zum ersten Mal wirklich akzeptieren. Sie schälen ihr eigenes Gesicht vom Spiegel (wie es im Gedicht von Derek Walcott »Die Liebe nach der Liebe« heißt, Seite 293) und sehen und lieben sich so, wie sie tatsächlich sind, statt so, wie sie zu sein versucht haben.

Richard Rohr weißt darauf hin, dass Jesus »sein Leben mit demselben Gottvertrauen führen [musste] wie wir und ebenso wie wir ›an Weisheit, Alter und Gnade zunehmen‹ (Lukas 2,40)« musste (Seite 227).

Auf unserem Weg erleben wir dieses Lüften des Schleiers, die Entfaltung dieser Auferstehung in unserem eigenen Leben: »Bei der Auferstehung geht es um die gesamte Schöpfung, um die Geschichte, um jedes Menschenkind, das gezeugt wurde, gesündigt hat und gestorben ist, um jedes Tier, das gelebt und einen qualvollen Tod erlitten hat, um jedes Element, das sich über eine große Zeitspanne hinweg von fest zu flüssig zu gasförmig gewandelt hat. Es geht um dich, und es geht um mich. Es geht um alles. Die ›Christusreise‹ ist in der Tat ein anderer Name, der alles trägt und den alle tragen, ein Name für jedes Ding« (Seite 239).

ZUM NACHDENKEN

1. Welche »Auferstehungsmomente« hast du schon erlebt mitten in Trauer, Schmerz und Herausforderungen?

2. Was hat dazu geführt, dass sich diese Erfahrungen vom »Tod« hin zur »Auferstehung« bewegt haben (das kann zum Beispiel ein Gedanke sein, der dir kam, etwas, das du gelesen hast, ein Gespräch mit jemandem oder ein Gefühlszustand, der zu dieser Veränderung geführt hat)?

3. Auf welche Weisen fühlst du dich derzeit eingeladen, dich nach »Licht und Liebe« auszurichten und immer mehr einzuschließen und immer weniger auszuschließen? Schreibe deine Antwort auf.

34. Übung: Die Hölle

»Wenn du mit Angstmache zu Gott getrieben wurdest, ist es niemals der wahre Gott, auf den du gestoßen bist. Wenn du in Gott ›hineingeliebt‹ wurdest, begegnest du einem Gott, der Jesus und Christus gleichermaßen entspricht und sie würdigt. Der Weg, wie man hinkommt, ist identisch mit dem Ziel, an dem du ankommst.«

(Seite 232)

Es sei »schwierig, mit den meisten Menschen ruhig und intelligent über das Höllenkonzept zu reden, wenn sie von Kindesbeinen an christlich erzogen wurden«, stellt Richard Rohr fest, weil sie »Gott als de[n] Chefbestrafer« betrachten, »als jenes wütende Wesen, das Sünder ewigen Folterqualen aussetzt, anstatt *Gott als den Einen zu sehen, der das Leben selbst ist*« (Seite 231).

Das Bild von der Hölle steckt tief in unserer Psyche. Für manche mag schon die Überschrift dieser Übung abschreckend wirken, derart negativ ist der Begriff »Hölle« besetzt.

Im Neuen Testament heißt es, Jesus sei »hinabgestiegen zu den Niederungen der Erde« (Epheser 4,19), und »so ging er auch hin und predigte den Geistern im Gefängnis« (1 Petrus 3,19). Diese Bilder eines Abstiegs in die Hölle zeichnen das Bild eines Ortes, der dem griechischen Hades und den hebräischen Orten Scheol / Gehenna oder »einer Art von Vorhölle (›Limbo‹)« gleichkommt (Seite 232). Sie stehen in starkem Kontrast zu »Dantes Version [der Hölle], die zur vorherrschenden Sichtweise [wurde] und ... unseren westlichen Geist mehr als irgendeine andere« formte (Seite 232). Der Dichter schuf in seiner »Göttlichen Komödie« das Bild eines »strafenden Gottes«, der »dualistisch und angsteinflößend ist« (Seite 232), so wie er mit den Sündern in der Hölle umgeht.

Ich entsinne mich noch, wie schockiert ich war von den ausgeklügelten und brutalen Bestrafungen der Seelen in Dantes »Hölle«, etwa wie die Seelen in brennenden Särgen liegen oder von Dämonen ausgepeitscht werden. Als ich diese Szenen auf den Wandmalereien in der Sixtinischen Kapelle oder auf der Innenseite der Kuppel des Doms von Florenz sah, wurden meine Abscheu und meine Angst nur noch stärker. Diese Bilder von »Feuer und Schwefel« sowie dem »göttlichen Zorn« ätzten sich meiner Erinnerung tief ein (Seite 232). Diese Botschaft werde weiterhin durch zeitgenössisches Liedgut und Predigten vermittelt, so Richard Rohr. »Vielen von uns wurde eine Sicht von Gott als Folterer vermittelt, als wir noch kleine, empfindsame Kinder waren, und das wurde in der tiefsten Schicht unseres Hirnstamms abgelagert, so wie es mit allen traumatischen Verletzungen geschieht« (Seite 231).

In der östlich-orthodoxen Tradition spricht man dagegen vom »Eggen der Hölle«[34]: Jesus vernichtet den Tod und befreit die gefangene Seelen »aus der Hölle« (Seite 181). Aber unser Gehirn hat einen Hang zur Voreingenommenheit und wir sind von Natur aus – meist unbewusst – immer darauf aus, das zu sehen, was unsere Überzeugungen bestätigt. Hat unser Bild von der Hölle mehr gemeinsam mit Dantes mittelalterlicher Vorstellung als mit dem Neuen Testament, das Gottes Güte betont? Wenn ja, sagt das mehr über unsere eigene Auffassung von Vergeltung und Strafe als über die Intention der Heiligen Schrift. Gottes Haltung seinem Volk gegenüber wird in den Büchern Habakuk und Ezechiel ganz anders beschrieben. Im Buch Habakuk heißt es: »*Aber ich werde euch noch mehr lieben, bis ihr schließlich zu mir zurückkommt!*« (Seite 236).

Richard Rohr betont: »Gott sticht die Sünde der Israeliten immer dergestalt aus, dass er sie noch mehr liebt! Das ist Gottes wiederherstellende Gerechtigkeit. ... [Sie] *biegt die Dinge in ihrem Kern zurecht*« (Seite 184).

Und er erinnert uns daran, dass Jesus eine hierarchische Weltanschauung genauso rundweg ablehnt wie die Aufteilung in klare Gewinner und klare Verlierer (Seite 234). Stattdessen sagt Jesus: »Wer nicht gegen uns ist, der ist für uns« (Markus 9,40) und »Gott lässt seine Sonne aufgehen über Böse und Gute und er lässt regnen über Gerechte und Ungerechte« (Matthäus 5,45) und macht »Ausgegrenzte und Ausreißer zu den Helden seiner meisten Geschichten« (Seite 234).

Wie reagierst du auf diesen letzten Abschnitt? Konzentrierst du dich – wie ich – sofort auf theologische Argumente, Beweise, Bücher, die du gelesen oder auf Predigten, die du zu diesem Thema gehört hast? Und deine emotionalen Reaktionen? Empfindest du Ärger, Angst, Scham, Traurigkeit oder eher so etwas wie Überraschung, Erleichterung oder Liebe, wenn du über diese gegensätzlichen Höllenvisionen nachdenkst? Wir *möchten* gern glauben, dass »Gott im Verlauf der Heiligen Schrift immer gewaltloser wird« und dass er sich auf »unendliche Liebe, Barmherzigkeit und Vergebung«

ausrichtet (Seite 234f); aber wir ringen darum, auch zu fühlen, dass dies möglich oder richtig ist.

Um eine Alternative zu dem, was mit der Hölle gemeint ist, anzunehmen, müssen wir bereit sein, tief verwurzelte Vorstellungen infrage zu stellen und neue Assoziationen zu entwickeln. Aber Veränderung braucht Zeit, insbesondere wenn eine Glaubensvorstellung, Idee oder Hypothese derart stark in den Tiefen unseres Gehirns verankert ist. Wir müssen immer wieder daran erinnert werden, dass es,

»[s]olange du mit einem Mangelmodell unterwegs bist, ... niemals genug Gott oder Gnade geben [wird], damit sie für alle reichen. Jesus ist gekommen, um unsere Vorstellungen von Gottesverknappung zu annullieren und unser Weltbild zu einer Vision von absoluter Fülle zu wandeln – oder zu dem, was er das ›Königreich Gottes‹ nannte. Das Evangelium offenbart eine göttliche Welt, die unendlich ist, eine Sicht der Welt, in der es genug und mehr als genug gibt. Unser Begriff für diesen unverdienten Überfluss heißt ›Gnade‹: ›Gebt, und ihr werdet beschenkt werden, ein volles gerütteltes und geschütteltes Maß, das überläuft und sich in euren Schoß ergießt‹ (Lukas 6,28)« (Seite 237).

ZUM NACHDENKEN

1. Welche Rolle spielt das Bild der Hölle als Ort der Vergeltung und Bestrafung für dich? Hat dich die Vorstellung, dass Gott uns bestraft und quält, schon einmal irgendwie betroffen?

2. Wie lässt sich das mit deinem Verständnis und deiner Erfahrung von Gottes wiederherstellender Gerechtigkeit vereinbaren, die Heilung bringt und *»die Dinge in ihrem Kern zurecht[biegt]«* (Seite 236)?

3. Angesichts dieser und anderer Überlegungen zu Auferstehung und Erneuerung: Was bedeutet für dich *Hölle*?

35. Übung: Universelle Begegnung

»Wie Maria müssen auch wir irgendwie hören, dass wir beim Namen gerufen werden, müssen auch wir hören, dass wir von der Liebe selbst angesprochen und wertgeschätzt werden, bevor wir Christus in unserer Mitte erkennen können. Und wie Maria müssen auch wir in der Regel mit einer konkreten Begegnung anfangen, bevor wir uns auf die universelle Erfahrung einlassen, die allen verfügbar ist.«

(Seite 245)

Maria Magdalena ist bekannt als die »Apostolin der Apostel«, als die erste »Zeugin der Auferstehung« (Apostelgeschichte 1,22) (Seite 245), die damit beauftragt wurde, allen zu verkünden, dass Jesus von den Toten auferstanden ist (Seite 245). Sie wurde zur »Jüngerin und Freundin Jesu …, nachdem er sieben Dämonen aus ihr vertrieben hatte« und wird »in den Evangelien zwölfmal erwähnt …(öfter als die meisten Apostel)« (Seite 242). Als »konstante und treue Zeugin« (Seite 245) für Jesus, im Leben genauso wie nach seinem Tod, war sie der erste Mensch, der am ersten Ostersonntag Jesus wiedererkannte. Richard Rohr schildert die Begegnung folgendermaßen:

»Dann dreht sie sich um und sieht einen Mann, den sie nicht erkennt. Maria nimmt an, dass es der Gärtner ist (Johannes 20,15), und fragt ihn, wohin er Jesus gebracht hat. Dann, in einem der dramatischsten Momente der Evangelien, spricht der Mann einfach ihren Namen aus: ›Maria!‹ …

Sie hat sich ihm zugewandt; und dann ruft sie laut: ›Rabbuni!‹, was ›Meister‹ bedeutet (Johannes 20,13–16). Sofort sieht Maria die Person, die vor ihr steht, ganz anders. Man könnte das *relational und nicht nur physisch* nennen. Sie erkennt, dass es immer noch Jesus ist, aber er ist ganz und gar zum Christus geworden« (Seite 243).

Es ist bemerkenswert, wie rasch Maria diese phänomenale Veränderung akzeptiert, die bei ihrem Freund

und Lehrer stattgefunden hat. Wie würden wir in einer ähnlichen Situation reagieren? Ich fand es schon immer interessant, alte Freunde oder Bekannte zu treffen, um zu sehen, wie es ihnen geht und wie sie sich verändert haben. Dabei kann ich innerhalb weniger Augenblicke spüren, ob sie offen dafür sind wahrzunehmen, wie ich mich seit unserer letzten Begegnung verändert habe und mich jetzt als die Persönlichkeit sehen wollen, die ich geworden bin. Das können ungewöhnliche Begegnungen sein, insbesondere dann, wenn der Freund oder Bekannte an dem Bild von mir festhält, das er von mir hatte.

Vor einigen Jahren war ein Jugendfreund, der jetzt Politiker ist, Ehrengast bei einer Veranstaltung des Netzwerks der Ehemaligen meiner Highschool. Obwohl er eine andere Schule besucht hatte, sagte er zu mir: »Ich hatte dich hier nicht erwartet.« Aufgrund seiner Bilder und Erinnerungen aus unserer Kindheit ergab es für ihn überhaupt keinen Sinn, dass ich an einer Veranstaltung wie dieser teilnähme. Bei einer anderen Gelegenheit aß ich mit einem alten Studienfreund zu Abend und er stellte mir die kritische Frage: »Du gehst doch nicht immer noch in die Kirche, oder?« Meine Antwort schien ihn zu verstören. Offensichtlich war ich ihm bis zu diesem Zeitpunkt unseres Gesprächs »ganz normal« vorgekommen!

Wie schön ist es dagegen, Freunde oder Verwandte zu treffen, die gewissermaßen aus einem völlig anderen

Leben stammen, und dann festzustellen, dass sie sich dafür interessieren, wer man heute ist. So reagieren normalerweise Menschen, die selbst große Veränderungen durchgemacht haben. Erfahrungen aus ihrem eigenen Leben haben sie dazu geführt, ihre Prioritäten neu zu setzen und neu zu bewerten, wer sie sind. Man beginnt, miteinander zu sprechen, und die eigene Zurückhaltung und Verlegenheit weicht der Entspannung und Offenheit. Beide sehen ihr Gegenüber und lassen es zu, selbst gesehen zu werden.

So war es auch bei Maria Magdalena und Christus. Richard Rohr betont: »Maria gelangte deshalb so schnell zu vollständiger spiritueller Erkenntnis, weil dies ein *Wissen aufgrund einer Liebesbeziehung und persönlicher Betroffenheit* war. Man beachte, dass sie die Stimme Jesu erkannte und ihr vertraute, auch wenn sie ihn ansonsten noch nicht erkennen konnte« (Seite 246).

Er fährt fort: »Wie Maria müssen auch wir irgendwie hören, dass wir beim Namen gerufen werden, müssen auch wir hören, dass wir von der Liebe selbst angesprochen und wertgeschätzt werden, bevor wir Christus in unserer Mitte erkennen können. ... Ich möchte darauf hinweisen, dass Maria ihren Weg nicht fortsetzt, indem sie nach Jesus greift, sondern indem sie ihm erlaubt, ihr den noch größeren Christus zu zeigen« (Seite 245 und 246f).

Als Jesus zu Maria sagt: »Halte mich nicht fest« (Johannes 20,17a), scheint sie sich davon nicht zurückgestoßen zu fühlen. Sie akzeptiert, dass Jesus sich in den Christus verwandelt hat. Sie klammert sich nicht an sein früheres Ich und nicht an ihre Freundschaft, wie sie früher war. Sie erkennt sofort, dass alles anders ist und dass »Christus nicht *wie eine singuläre Gestalt* berührt werden darf, weil er *in allen seinen Formen* überall gegenwärtig ist« (Seite 243).

ZUM NACHDENKEN

1. Nimm dir einen Augenblick Zeit, um über langjährige Beziehungen in deinem Leben nachzudenken, in denen du ein gewisses Maß an Enttäuschung oder auch an Konflikten erlebt hat. Erkennst du, wer der andere Mensch geworden ist? Erkennt der andere, wie du dich verändert hast und wer du geworden bist?

2. Nimm dir Zeit, um über diese Beziehung zu schreiben und zu beten.

3. Hast du es zugelassen, dass sich dein Gottesbild und deine Beziehung zu Gott entwickelt und sich gegenüber ihren Anfängen verändert haben?

36. ÜBUNG:
DIE PERSÖNLICHE BEGEGNUNG DES PAULUS

»Die Tatsache, dass Paulus Jesus nicht als Person aus Fleisch und Blut gekannt hat, macht ihn für uns alle, die nach ihm kommen, zu einer idealen Stimme, um auch unsere Christuserfahrung zum Ausdruck zu bringen. ... Es handelt sich bei ihm um die klassische Beschreibung einer Bekehrung, und in der Folgezeit kommt es zu der typischen Vorwärtsbewegung *über Selbst-Liebe zur Gruppenliebe zu universeller Liebe.*«

(Seite 249)

Den Apostel Paulus zu erwähnen kann bei vielen eine starke Reaktion auslösen. Denn jahrelang wurden uns die Schriften dieses Mannes vermittelt, der von vielen als legalistisch und sexistisch betrachtet wird. Richard Rohr schreibt, dass man Paulus auch anders sehen kann – als einen Menschen, der die Gegenwart Christi erlebt hat, obwohl er nie den leibhaftigen Jesus kennenlernte, und der versuchte, dies auch unter Menschen zu bezeugen, die zuvor von der Christengemeinde ausgeschlossen waren: »Anstatt die Gedankenwelt des Paulus primär als eine Argumentationskette zum Thema Sünde und Seelenheil zu interpretieren, wozu Christen lange Zeit geneigt haben, möchte ich Paulus als Zeugen sowohl einer persönlichen als auch einer kollektiven Transformation lesen, wie er sie selbst durchlaufen hat. Jesus repräsentiert die personale Ebene, und Christus steht für die gesellschaftlichen, historischen und sozialen Räume. Paulus lehrt tatsächlich beides« (Seite 248).

Richard Rohr schreibt, dass mit der dreitägigen Blindheit von Paulus nach seiner Begegnung auf der Straße nach Damaskus, während der »er keine Speise und kein Wasser zu sich nahm«, sein »Übergang zu einer ›neuen Welt‹ in Christus« begann. Blindheit und Fasten sind »häufig ein Symbol für den notwendigen Übergang zu einer neuen Erkenntnis« (Seite 249). Von diesem Augenblick an bewegte Paulus sich weg »von einer verengten religiösen Sichtweise … zu einer universellen Vision« (Seite 248).

Richard Rohr ermutigt auf viele Weisen dazu, offen dafür zu sein, dass sich unser Blick auf die Lehren des Paulus in ähnlicher Weise verwandeln darf – insbesondere, wenn es um Sünde geht.

Er betont, »dass Sünde für Paulus eine Kombination aus Gruppenverblendung und Kollektivwahn war und sich das Individuum als machtlos erwies, sich dem entgegenzustellen … und jeder Erscheinungsform des systemischen Bösen gewachsen zu sein« (Seite 250).

Weiter weist er darauf hin, dass »das Sündenkonzept des Paulus … unserem heutigen Verständnis von Sucht erstaunlich nahe« kommt, bei der wir uns unbewusst auf ungesunde Verhaltensweisen einlassen und uns nicht bewusst ist, dass wir uns von »purem Müll« (Philipper 3,8) begeistern lassen (Seite 252). Selbst wenn uns ab und zu aufgeht, welche Folgen unser Tun hat, führt das nicht immer dazu, dass wir unser Verhalten ändern. Das ist etwas anderes, als die Sünde als eine Liste einzelner Verhaltensweisen zu betrachten, die wir zwar mühevoll abzustellen versuchen, in die wir aber letzten Endes doch immer wieder zurückfallen.

Auch Paulus' Verständnis von Erlösung ist anders, als wir gewöhnlich annehmen. Mit Verweis auf Krister Stendahl, einem schwedischen Bibelwissenschaftler, weist Richard Rohr darauf hin, »dass Paulus in seinen sieben Originalbriefen nicht so sehr von individueller Vergebung spricht als von Gottes Pauschalvergebung für jedwede Sünde und alles Böse. Sünde, Erlösung und Vergebung sind bei den Propheten und bei Paulus prinzipiell kollektive, soziale und geschichtliche Konzepte« (Seite 253).

Für diejenigen, die sich an ein legalistisches Verständnis der Schriften von Paulus gehalten haben, ist das eine gewaltige Veränderung der Perspektive. Wir können heilen, wachsen, uns unseren Schatten stellen und uns mit Gewohnheiten auseinandersetzen, von denen wir wissen, dass sie uns schaden; aber wenn wir nicht den breiteren Kontext unserer familiären Beziehungen, unserer organisatorischen Normen und unserer gesellschaftlichen Werte in den Blick nehmen, wird sich für die Menschen um uns herum und jenen, die nach uns kommen, nur sehr wenig ändern.

Statt von persönlicher Reinheit oder individueller Erlösung zu sprechen, war Paulus »überzeugt, dass einzig und allein das korporative Gute dem korporativen Bösen je gewachsen sein würde – weshalb er den Aufbau von Gemeinschaft und ›Kirche‹ so betont hat« (Seite 251). Kirche war als »Kontrastgesellschaft« gedacht, schreibt Richard Rohr, um zu zeigen, »dass sich die Christusleute tatsächlich vom Bewusstsein der Masse unterscheiden« (Seite 255). Aber seit weniger Menschen an den wöchentlichen Gottesdiensten teilnehmen und mit ihren Familien im Rahmen der traditionellen Strukturen von Glaubensgemeinschaften leben, verändert sich die kirchliche Gemeinschaft.

»Ich begegne immer mehr Christinnen und Christen, die ihre Werte Tag für Tag leben und *es einfach machen* (›Orthopraxie‹) anstelle von allem Getöse, wie Recht sie hätten (›Orthodoxie‹)«, stellt Richard Rohr fest (Seite 257). »Ideenschmieden, Selbsthilfegruppen, Literaturzirkel, Bibel- und Gebetskreise, Bauprojekte für die Armen, Heilungsgruppen oder Missionsorganisationen« sind Beispiele für viele »Para-Kirchen, ... die inmitten der Welt christliche Werte leben« (Seite 256). Diese Gemeinschaften können uns über die Betonung des individuellen Verhaltens hinausführen und zum Modell für eine alternative Daseinsweise werden, die wir allein nicht erfahren können. Sie geben uns ein Gefühl der Hoffnung und helfen uns zu erkennen, dass wir Teil einer viel größeren Geschichte sind.

»Man erinnere sich: Es kommt nicht auf den Markennamen an. Es geht darum, dass das Herz Gottes hier auf Erden allen zugänglich gemacht und aktiviert wird« (Seite 257).

ZUM NACHDENKEN

1. Denke eine Weile über einige deiner Verhaltensweisen nach, die eine individuelle Sünde darstellen könnten (zum Beispiel eine Sucht, Geiz, Wollust, eine ablehnende Einstellung usw.)

- Welche familiären Aspekte oder Anteile deiner Erziehung haben zu diesen sündigen Verhaltensweisen geführt?

- Reagierst du aus einem Gefühl der Verletzung, des Mangels oder der Angst?
- Bist du dir dieser Verhaltensweisen normalerweise bewusst oder sind sie Teil deines Schattens, d.h. dass andere sie sehen und sogar mit dir darüber sprechen, aber du Mühe hast zu verstehen, was sie meinen?
- Kannst du die Auswirkungen sehen, die diese Verhaltensweisen auf andere haben?

Schreibe auf, was dir einfällt, und achte auf den weiteren systemischen Kontext dieser Verhaltensweisen.

2. Denke über deine Erfahrung von Kirche oder anderen Glaubensgemeinschaften nach. Auf welche Weisen hast du eine kollektive »Kontrastgesellschaft« erlebt, die dem »korporativen Bösen« die Stirn bietet? Auf welche Weisen sind deine religiösen Gemeinschaften ein Modell geblieben, »das den Leuten erlaubt, fast ausschließlich in der Welt zu leben und sich mit den herrschenden Einstellungen zu Geld, Krieg, Macht und Geschlecht völlig zu identifizieren« (Seite 255).

3. Was würde es für dich bedeuten, dich von der Betonung dessen, wie man richtig ist (»Orthodoxie«), zur Betonung des *»einfach Machens«* (»Orthopraxie«) hinzubewegen?

37. ÜBUNG: SOWOHL, ALS AUCH

»Wenn wir bisher davon abgehalten wurden, ein kosmisches Christuskonzept zu entwickeln und zu würdigen …, lag [es] daran, dass wir versucht haben, eine weitgehend non-dualistische Sichtweise mit jenem dualistischen Geist zu verstehen, der den westlichen Rationalismus und unseren Glauben an die Wissenschaft beherrscht. … Der binäre Geist, der für rationales Denken so gut geeignet ist, findet sich völlig jenseits der eigenen Liga vor, wenn es darum geht, mit Dingen wie Liebe, Tod, Leid, Unendlichkeit, Gott, Sexualität und dem Geheimnisvollen wirklich klarzukommen.«

(Seiten 258 und 260)

Sich bei der Lektüre von »Alles trägt den einen Namen« mit einigen Schriftstellen und deren Themen auseinanderzusetzen kann für den rationalen Geist eine ziemliche Herausforderung sein. Wir wollen klare, unzweideutige Antworten, die uns zu entscheiden helfen, an welchen Stellen diese Erkenntnis oder jenes Wissen in unser derzeitiges Weltbild passt. Ist es dies oder jenes? Ist es drinnen oder draußen? Klare Antworten auf diese Art von dualistischen Fragen geben uns ein Gefühl der Sicherheit und Kontrolle. Wenn aber in einem Text vielfältige Sinn-Schichten auftauchen, kann das unseren rationalen Geist ängstlich und unsicher zurücklassen.

Richard Rohr schreibt, dass uns das dualistische, »von Haus aus argumentative Christentum … auf einen sehr beschränkten Wissenspfad der ›Vernunft‹« führte und dass den meisten nicht beigebracht wurde, »dass wir eine ›Software‹ installieren müssen, die sich vom Geist des Entweder-Oder, des Problemlösens und des Alles-oder-Nichts unterscheidet, den wir brauchen, um unsere Tage zu bestehen« (Seiten 259 und 258).

Eine der Nebenwirkungen dieser dualistischen Sichtweise ist die, dass wir komplexe Erfahrungen auf eine Reihe von binären Alternativen reduzieren: »Ich kann mich entweder auf meine Karriere konzentrieren oder ein Familienmensch sein.« Oder: »Mein Freund/Partner hat diesen Streit angefangen und deswegen ist er an alledem schuld.« Richard Rohr meint dazu: »Die beiden Alternativen schließen einander prinzipiell aus und sind meist aggressiv: Die Dinge sind entweder total richtig oder total falsch, positiv oder negativ für mich. ... Der binäre Geist sorgt im Nu für Sicherheit und Friedhofsruhe, aber niemals für Weisheit« (Seite 260).

Wir müssen die Fähigkeit entwickeln, ein »Sowohl-als-auch« zu denken, damit wir uns auf die Komplexität unseres alltäglichen Lebens einlassen können. Dazu gehört, dass wir die Wahrnehmung unserer Erfahrungen in einen neuen Bezugsrahmen stellen und uns zugleich darin üben, bei dem, was wir denken und empfinden, aufrichtig zu sein: »Ich liebe diesen Menschen, aber im Augenblick bin ich wütend auf ihn.« »Dieses Kind benimmt sich schlecht, aber es ist immer noch grundsätzlich gut.« »Weder meine Freundin/meine Partnerin noch ich sind total im Recht oder total im Unrecht; zu dieser Meinungsverschiedenheit haben wir beide unseren Teil beigetragen.«

Wenn wir nicht lernen, auf diese nichtdualistische Weise zu leben, reduzieren wir unsere Erfahrungen, Überzeugungen und Erkenntnisse auf allzu einfache Kategorien, die einen Großteil der Subtilität und Komplexität des Lebens verkennen. Wir sind dann vielleicht der Meinung, dass wir rational handeln, während wir in Wirklichkeit einfach nur die Kontrolle behalten wollen. Wir versuchen, klare Linien und Grenzen um weite und plurale Konzepte wie Freundschaft und Glauben zu ziehen. Schließlich, so Richard Rohr, landen wir bei einer Einstellung, die keinen Platz lässt »für ›Sünder‹ oder Außenseiter fast jeder Sorte – was zweifellos das glatte Gegenteil der Botschaft und Mission Jesu war« (Seite 260).

Der Schlüssel zu dieser nichtdualistischen Sicht- und Lebensweise ist, sich auf »einen kontemplativen Erkenntnisweg« einzulassen (Seite 260). Das heißt, statt jede Erfahrung und Idee in konkrete Schwarzweiß-Begriffe zu kategorisieren, auf die Grauzonen zu achten, die Sowohl-als-auch-Möglichkeiten in unserem Leben. Wir warten geduldig darauf, *»dass sich die Lücken schließen,* ohne auf *schnelle Folgerungen oder einfache Antworten«* zu bestehen (Seite 17).

»Der kontemplative Geist kann auf den Grund von Dingen blicken und sie in ihrer Ganzheit wahrnehmen anstatt nur in Einzelaspekten ... Es geht dabei nicht um unsere Metaphysik (›was ist real‹), sondern um unsere Epistemologie – *auf welche Weise wir meinen, die Realität zu erkennen«* (Seite 261).

ZUM NACHDENKEN

1. Gibt es Bereiche in deinem Leben, in denen du zu einem dualistischen »Entweder-oder-Denken« neigst (zum Beispiel: »Entweder sie beantwortet heute meine E-Mail oder ich arbeite nicht länger mit ihr zusammen« – »Entweder

ich lerne dieses Jahr zu meditieren oder ich werde es nicht noch einmal versuchen«). Schreibe deine Erfahrungen darüber auf, was bei diesen Dualismen gut und was nicht so gut ist.

2. Verändere jetzt jede dieser Situationen in Sowohl-als-auch-Gedanken (zum Beispiel: »Ganz gleich, ob sie mir zurückschreibt oder nicht – ich werde mich weiterhin darum bemühen, eine angemessen Arbeitsbeziehung mit ihr aufrechtzuerhalten – ich werde ihr einfach nur andere Aufgaben geben« – »Ich werde ab jetzt nach besten Kräften versuchen, vierzig Tage lang täglich zu meditieren, und dann kann ich entscheiden, ob ich damit weitermache oder aufhöre – ich stehe ja nicht unter Druck.«) Schreibe auf, wie es sich anfühlt, deine Möglichkeiten von dieser nichtdualistischen Perspektive aus zu sehen. Ändert sich etwas an der Art, wie du diese Szenarien betrachtest oder wie du dich dabei fühlst?

38. Übung: Kontemplative Praxis

»Wenn wir ein paar gute Lehrerinnen und Lehrer haben, werden wir lernen, einen bewusst non-dualen Geist zu entwickeln, einen selbstgewählten Kontemplationsweg zu beschreiten oder regelmäßig einige spirituelle Praktiken oder Übungen zu absolvieren, die uns Tag für Tag einem Einheitsbewusstsein näherbringen.«

(Seite 266)

In einer früheren Übung haben wir uns Richard Rohrs Überzeugung angesehen, dass wir ganz natürlich in diese einigenden, nicht-dualen Bewusstseinszustände eintreten, wenn wir große Liebe und großes Leiden erfahren. Diese Erfahrungen sind seiner Meinung nach Gottes *»wichtigste Werkzeuge für unsere Transformation als Menschen«* (Seite 264). Aber damit wir eine verkörperte und geerdete Spiritualität entwickeln, ist es wichtig, dass wir uns nicht ausschließlich auf diese Erfahrungen der Liebe und des Leidens verlassen; wir müssen uns regelmäßig auf irgendeine Form der kontemplativen Praxis einlassen.

Im Lauf der letzten Jahrzehnte kam es im Westen zu einem Neuaufbruch des Interesses für die östliche Spiritualität und insbesondere für den Buddhismus. Richard Rohr ist überzeugt, »dass Buddhismus und Christentum auf mannigfache Weise Antipoden und Schattengestalten füreinander sind« (Seite 268).

»Buddhismus, das ist eher eine Philosophie, eine Weltanschauung und eine vielgestaltige Praxis, die Wahrheit und Liebe in uns freisetzen will, als ein formales System von Glaubensaussagen zu irgendeinem Gottesbild ... Indem der Buddhismus hauptsächlich lehrt, *wie* man richtig sieht, ist er für uns gleichzeitig anziehend und bedrohlich, weil er uns viel angreifbarer macht sowie eine regelmäßige und verbindliche Übungspraxis fordert – und nicht nur den gelegentlichen ›Besuch‹ eines Gottesdienstes, wie es viele Christen praktizieren« (Seite 269f).

Ich hatte das Glück, dass ich ab meinem zwölften Lebensjahr darin unterrichtet wurde, im Rahmen der christlichen Tradition zu meditieren. Mein Religionslehrer leitete unsere Klasse zu Imaginationsübungen mit Texten aus den Evangelien sowie zu kontemplativem Sitzen an. Er lehrte uns, auf unseren Körper und unseren Atem genauso zu achten wie auf Texte der Heilige Schrift, die wir lasen, bevor wir ins kontemplative Schweigen eintraten.

Ich war überrascht, als mir klar wurde, dass diese kontemplativen Übungen als östliche, von außen her kommende Einflüsse angesehen wurden, oder innerhalb mancher christlichen Traditionen sogar als häretisch galten. Wir brauchen uns nur die frühchristlichen Wüstenmütter und Wüstenväter sowie viele Jahrhunderte des Mönchslebens anzusehen, um zu erkennen, wie tief bestimmte kontemplative Praktiken in der christlichen Tradition verwurzelt sind. Aber angesichts des »unternehmerischen Instinkts« des »extrovertierten abendländischen Christentums«, das »dynamisch [ist] und [sich] verströmt«, so Richard Rohr, wurde daraus »eine formalistische und effektive Religion, die es für ihre Aufgabe gehalten hat, den Leuten beizubringen, *was sie sehen sollen, anstatt wie man wirklich sieht*« (Seite 269). Aber wenn wir uns hauptsächlich darauf konzentrieren, legen wir natürlich weniger Wert auf die Kontemplation, und unsere religiösen Aktivitäten haben »wenig Auswirkung darauf ..., *wie* ein Mensch tatsächlich lebt, wie jemand sich ändert oder wächst« (Seite 270).

Wir müssen Wege entwickeln, ein voll und ganz inkarnatorisches Christentums zu pflegen, das »nicht nur aus persönlicher Erleuchtung [besteht], sondern auch aus sozialer Verbundenheit und Gemeinschaft – was paradoxerweise am Ende zugleich Verbindung mit dem Göttlichen ist« (Seite 271).

Eine kontemplative Praxis zu kultivieren hilft uns, »das *Was* und *Wer* der Religion« hinter uns zu lassen, hin zur Frage, *»wie man wirklich sieht«* und wie wir sein sollen (Seiten 270).

ZUM NACHDENKEN

1. Lies den folgenden Ablauf für eine selbstgeführte kontemplative Meditation durch (oder bitte jemanden, dir den Text vorzulesen). Du brauchst einen Timer (einen Wecker oder den Timer deines Smartphones). Eine Gebetsglocke (digital oder physisch), die den Beginn und das Ende der Meditation anzeigt, ist empfehlenswert, aber nicht notwendig. Du kannst die Glocke anschlagen und den Timer starten, sobald du den nachfolgenden Text ganz gelesen hast. Halte nach jedem Satz inne. Manche Menschen finden es hilfreich, während des Sitzens in der Stille die Augen zu schließen. Die kursiv gedruckten Anleitungen sind Leitlinien für dich und du brauchst sie nicht laut zu lesen.[35]

Falls du dich zum ersten Mal auf das kontemplative Sitzen einlässt, schlage ich vor, dass du mit zwei bis fünf Minuten Schweigen anfängst, nachdem du die Anleitung laut gelesen hast. Bei täglicher Praxis kann sich das im Lauf der Zeit auf bis zu zwanzig Minuten pro Tag steigern.

Zu Beginn meines kontemplativen Sitzens nehme ich mir einige Augenblicke Zeit, um auf meine Haltung zu achten. Ich mache es mir auf meinem Sitz bequem und neige mich leicht vor, sodass meine Wirbelsäule nicht mehr die Rückenlehne berührt. Ich nehme wahr, wie meine Füße den Boden berühren und mich im gegenwärtigen Augenblick erden. Ich konzentriere mich auf meinen Rücken und meinen Nacken und erlaube ihnen, eine gut ausgerichtete und neutrale Position zu finden.

Zu Beginn meines kontemplativen Sitzens bringe ich mir zu Bewusstsein, dass ich nicht versuche, etwas zu erreichen. Es gibt keine Ziele. Ich werde mir einfach meiner Gegenwart in diesem Moment bewusst. Ich nehme alle Ablenkungen, Gedanken, Urteile, Entscheidungen und Ideen wahr, die mir durch den Kopf gehen, und ich achte auf alle Gefühle, die ich empfinde. Ich beschließe, all das jetzt loszulassen. Stattdessen konzentriere ich mich von Augenblick zu Augenblick auf die Erfahrung, präsent zu sein für das, was ist, für Gottes Gegenwart, das Größere Feld, en Christo.

Wenn ich abgelenkt, frustriert oder verwirrt bin, kehre ich bewusst dahin zurück, mein Dasein Augenblick um Augenblick der Gegenwart Gottes anzubieten, indem ich ein heiliges Wort wie etwa »Jahwe« oder »Jesus« wiederhole oder mich einfach auf meinen Atem konzentriere – ein und aus –, sooft mir zerstreuende Gedanken oder Gefühle kommen. Ich weiß, dass Gottes Gegenwart bereits in mir präsent ist, ob ich mir dessen bewusst bin oder nicht. Es ist kein Aufopfern nötig – ich biete an.

Lies jetzt den folgenden Text aus Psalm 46,10 laut vor und mache nach jeder Zeile eine Pause. Danach beginnt der schweigende Teil deines Sitzens.

Sei still und wisse, dass ich Gott bin
Sei still und wisse, dass ich bin
Sei still und wisse
Sei still
Sei

Starte jetzt den Timer und läute eine Gebetsglocke, um anzuzeigen, dass das kontemplative Sitzen beginnt. Läute später nochmals eine Gebetsglocke, um anzuzeigen, dass nach zwei, fünf, zehn, fünfzehn oder zwanzig Minuten das kontemplative Sitzen beendet ist, je nachdem, welchen Zeitrahmen du gewählt hast.

2. Schreibe auf, wie du diese Erfahrung empfunden hast.

3. Wiederhole dieses kontemplative Sitzen jeden Tag, idealerweise mindestens vierzig Tage lang. Denn etwas über einen solchen Zeitraum zu tun hilft dabei, eine neue Ge-

wohnheit zu etablieren. Regelmäßig kontemplatives Sitzen zu praktizieren hilft, »eine ›Software‹ [zu] installieren, die sich vom Geist des Entweder-Oder, des Problemlösens und des Alles-oder-Nichts unterscheidet, den wir brauchen, um unsere Tage zu überstehen« (Seite 258) und eine kontemplativere Sowohl-als-auch-Perspektive für das Leben einzunehmen.

39. ÜBUNG: DER KONTEMPLATIVE WEG

»Kontemplation ermöglicht uns, die Dinge in ihrer Zusammengehörigkeit und insofern mit Respekt zu sehen … du beginnst, die Korrelation zwischen dem zu sehen, wie du *irgendetwas Beliebiges* tust und wie du *alles* tust. Das führt dazu, dass du mit dem gegenwärtigen Augenblick viel ernsthafter und respektvoller umgehst. Du schaust dir quasi selbst über die Schulter, und deine Egospiele entlarven und reduzieren sich.«

(Seite 275)

Wenn wir uns auf die kontemplative Praxis einlassen, ist es wichtig, uns daran zu erinnern, dass die genaue Art und Weise, wie wir sie ausüben, nicht so wichtig ist wie die Lektion, die uns die Praxis lehrt: unser Ego loszulassen und die Welt in zunehmendem Maß ganzheitlich und mit Respekt zu betrachten.

Wir wählen einen Weg des Abstiegs statt des Aufstiegs und können so »ganzheitlicher und inklusiver« (Seite 275) leben.

Für die, die sich mit dem kontemplativen Sitzen in Stille schwertun, erwähnt Richard Rohr mehrere andere Ansätze. Es gibt die »tiefe Weisheit eines ziellosen Wanderns«, die vermutlich »Typ-A-Persönlichkeiten« besonders schätzen, während andere vielleicht »Musizieren, Tanz oder Joggen« hilfreicher finden (Seite 274). Einen weiteren Zugang bezeichnet Barbara Holmes, Autorin und Spezialistin für afroamerikanische Spiritualität und Mystik, als »Krisenkontemplation«; eine Form der Praxis, die »entstand aus der Not der Sklaverei heraus, angefangen mit der Mittleren Passage, als Frauen und Männer als menschliche Fracht über den Ozean transportiert wurden. In Zeiten wie diesen wird Kontemplation zur Überlebensstrategie der Seele«[36].

Richard Rohr erläutert weiter: »Barbara lehrt, wie die schwarze Erfahrung, gemeinsam zu stöhnen und Spirituals zu singen, zu immenser innerer Achtsamkeit geführt hat. Es war de facto die Teilnahme an Klageliturgien und das Engagement durch gewaltfreien Widerstand, die einen qualitativ anders gearteten – aber tiefen – kontemplativen Geist hervorgebracht haben« (Seite 273f).

Je nach Persönlichkeit, Tradition oder kulturellem Hintergrund fühlen wir uns zu verschiedenen Zeiten zu unterschiedlichen kontemplativen Praktiken hingezogen. Im Winter wickle ich mich gern in eine warme Decke ein, eine Tasse mit etwas Heißem in der Hand, und zünde in der morgendlichen Dämmerung eine Kerze oder ein Räucherstäbchen an. Ich lese einen kurzen meditativen Abschnitt aus einem Buch oder der Heiligen Schrift, und beginne dann mit dem kontemplativen Sitzen. Als ich in der Stadt wohnte, war dies das ganze Jahr hindurch meine Praxis, denn die geschäftigen, lauten Straßen hinderten mich an jeglicher Art kontemplativen Gehens. Aber jetzt, wo ich in einer Vorstadt nahe der Küste lebe, gehören zu meiner sommerlichen Praxis auch das kontemplative Gehen am Strand sowie das stille Sitzen in meinem Garten oder oben auf einem Hügel, den ich zuvor erklommen habe. Sogar ein sanftes Bad in der kalten Irischen See hilft mir, abzuschalten und mich dann wieder ganz neu auf das Leben einzulassen.

Ganz gleich, wo wir leben, in der Wildnis oder im Getöse einer Großstadt, können wir experimentieren und herausfinden, welche Formen der kontemplativen Praxis sich für uns am besten eignen. »Es geht vor allem um dein inneres Ziel und deine Intention und darum, was auch immer für dich Körper, Geist und Herz herunterholt und sammelt«, schreibt Richard Rohr (Seite 274). Unsere spirituelle Praxis ist ein Einüben ins Loslassen, damit wir in unserem ganzen Leben den Universalen Christus erfahren können. Sie helfen uns, den Weg des Abstiegs einzuschlagen, der das Gegenteil eines Wegs zur Selbstverherrlichung ist.

»Philosophien und Religionen sind entweder Aufstiegsunternehmen, die uns *nach oben* weisen (in Richtung des Einen, Ewigen und des Absoluten), oder sie sind Abstiegsunternehmen, die uns *abwärts* weisen (zum Vielen, Gegenwärtigen und zur Erde hin), selten beides – und noch weniger beides zur gleichen Zeit«[37], betont Richard Rohr. In *Alles trägt den einen Namen* sagt er, er vertraue »der Religion des Abstiegs wesentlich mehr« (Seite 278) als jeder Form von »Aufstiegsreligion« (Seite 277). »Es ist nicht unbedeutend, dass die Christen das Kreuz oder Kruzifix als ihr wichtigstes Symbol gewählt haben« (Seite 276), denn es dreht sich alles um »Verlernen, Loslassen, Kapitulieren und [es ist] *kein Platz für die Sprache der Selbstoptimierung*« (Seite 217).

Wenn unsere vorherrschende Kultur die Betonung auf Fortschritt und Leistung legt, sind kontemplative Praktiken ganz besonders wichtig. Sie leiten uns weg von der Flugbahn des Aufsteigens und erden uns auf dem transformativen Pfad des Abstiegs.

»Du entscheidest dich nicht dafür, dich in die nach vorne zu drängeln, und etwas Neues geschieht: Du lässt deinen narzisstischen Ärger fahren und findest heraus, dass du dich viel glücklicher fühlst. Du gibst das Bedürfnis auf, deinen Partner zu beherrschen, und endlich blüht die Beziehung auf. Aber es ist jedes Mal eine Entscheidung – und jedes Mal eine Art kleiner Tod« (Seite 279).

ÜBUNGEN ZUM NACHDENKEN

1. Welche andere Arten von kontemplativen Praktiken würdest du, abgesehen vom kontemplativen Sitzen, gerne ausprobieren? Welche Menschen, Bücher oder praktischen Recherchen würden dir dabei helfen, damit anzufangen?

2. In welcher Beziehung oder sozialen Situation könntest du heute »eine Art kleine[n] Tod« wählen?

40. Übung: Gleichgewicht finden

»In unserer Lebensschule in New Mexico lehren wir eine Methode, die wir unser ›Dreirad‹ nennen, weil sie sich auf drei Rädern vorwärtsbewegt: *Erfahrung, Bibel* und *Tradition*, denen man erlauben muss, einander zu korrigieren und ins Gleichgewicht zu bringen. Nur sehr wenige Christen wurden in der Vergangenheit dazu eingeladen oder angeleitet, alle drei Räder gleichzeitig zu nutzen, und erst recht war es nicht erlaubt, dass die Erfahrung das Vorderrad ist.«

(Seite 272)

Dieses Buch ist für uns in vielerlei Hinsicht eine Einladung, darüber nachzudenken, wie unsere Glaubenstraditionen und unsere Lektüre der Heiligen Schrift unsere Gotteserfahrung beeinflusst haben. Richard Rohr verwendet viel Zeit damit, über die Erfahrung zu schreiben, denn sie ist oft das am stärksten vernachlässigte Rad des »Dreirads«, das er im obigen Text beschreibt. »Bis heute haben Katholiken und Orthodoxe die Tradition zum Guten wie zum Schlechten benutzt, und Protestanten haben die Bibel zum Guten wie zum Schlechten benutzt, aber niemand von uns kam wirklich gut mit der Erfahrung zurecht« (Seite 272).

Es kann hilfreich sein nachzuvollziehen, wie wir im Laufe unseres Lebens das »Dreirad« aus *Erfahrung, Tradition* und *Heiliger Schrift* betont haben. Als einige meiner Freunde die Gruppenleitfaden zu *Alles trägt den einen Namen* ganz gelesen hatten, stellten mehrere von ihnen fest, dass sie sich stark nur auf eines oder zwei der Räder des Dreirads verlassen hätten, wodurch es im Wesentlichen zu einem Zweirad oder sogar Einrad wurde.

Mir selbst kamen die *Traditionen* meiner katholischen Erziehung anfänglich abergläubisch und abstoßend vor. Also ignorierte ich ihre Lehren und Symbole und konzentrierte mich auf meine alltäglichen *Erfahrungen*. Aber als ich Lebenserfahrungen machte, die nicht in irgendeiner Art von Spiritualität verankert waren, war ich enttäuscht und desillusioniert. Das führte mich dazu, mich zum ersten Mal auf sinnvolle Weise der *Heiligen Schrift* zuzuwenden. Das gefiel mir sehr; ich lernte so viel und sie fand in mir eine erstaunliche Resonanz. Aber im Lauf der Zeit begann ich, mich zu sehr auf sie zu stützen. Ich entwickelte eine allzu buchstäbliche Lesart der Texte, was zu einem engen, dualistischen Weltbild führt. Schließlich kehrte ich zum Theologiestudium zurück und entwickelte ein breites und tiefgründiges Verständnis der *Tradition* quer durch alle christlichen Konfessionen, wobei ich nachverfolgte, wie sich zentrale Ideen und die Sakramente entwickelt haben. Ganz, ganz langsam begann ich zu erkennen, wie wichtig es ist, die *Heilige Schrift* und die *Tradition* rational daraufhin wahrzunehmen, wie sie meinen alltäglichen Lebens*erfahrungen* entsprechen.

Das »Dreirad« ist eine wunderbare Metapher dafür, wie wir ganzheitlich mit den Tiefen unserer Spiritualität in Verbindung kommen. Auf allen drei Rädern gleichzeitig zu fahren ist nichts, was wir jemals ganz zu meistern vermögen. Je nachdem, was sich in unserem Leben ereignet, werden wir ein oder zwei Räder stärker betonen als die anderen. Aber allein schon auf die Räder zu achten kann uns an die grundlegende Funktion der Religion erinnern: »*re-ligio*« heißt »Rückbindung«, nämlich an die Realität (Seite 299).

Die Übungen in diesem Buch sollen uns auf praktische Weise wieder in Verbindung bringen mit dem Wissen: »Es gibt nur Christus; er ist alles und er ist in allem« (Kolosser 3,11) (Seite 58). Sein Weg ist ein Weg des Abstiegs, der uns vor Augen führt: »*Gott liebt Dinge, indem er sie wird*« (Seite 26). Diesem Weg können wir folgen, indem wir uns liebevoll auf Gott, uns selbst und die uns umgebende Welt einlassen.

Praxis, Symbole und geistliche Übungen, mit denen wir uns beschäftigen, erinnern uns daran, dass, »*wenn das Weizenkorn nicht in die Erde fällt, bleibt es nichts als ein einzelnes Korn. Aber wenn es stirbt, bringt es viel Frucht* (Johannes 12,24)« (Seite 278). Wenn wir das immer deutlicher erkennen, wird sich dieser Prozess »eher wie Verlernen anfühlen als wie Lernen, mehr wie Kapitulation als wie Erfolg« (Seite 283).

»Solch tägliches und ›notwendiges Leiden‹ ist sowohl der Preis der Erleuchtung des Selbst als auch der Preis des Mitgefühls für andere« (Seite 278).

Ich hoffe, dass diese Überlegungen und Übungen dich dazu ermutigt haben, Gott in der Weite aller Dinge zu sehen und den Christus in den Tiefen des Inneren zu erfahren – oder, wie Richard Rohr so wunderschön schreibt – »zu erfahren – und zu *wissen* –, dass der Christus, du und jeder ›Fremde‹ alle derselbe Blick sind« (Seite 293).

ZUM NACHDENKEN

1. Wenn wir jetzt zu den letzten Übungen dieses Buches kommen, nimm dir etwas Zeit dafür, deinen eigene Weg mit dem »Dreirad« zu überprüfen.

- Welches der drei Räder hast du in deinem Glaubensleben als erstes betont?
- Wie hat sich das auf dein Alltagsleben ausgewirkt?
- Wenn du von Zeit zu Zeit auf das »Dreirad« zurückkommst: Wie könnte dich das ermutigen, dich ganzheitlicher auf deinen Glauben und deine Spiritualität einzulassen?

2. Lies die verschiedenen Rubriken »Zum Nachdenken« in diesem Buch noch einmal durch und halte diejenigen fest, die du gerne wieder aufgreifen und in Zukunft vielleicht sogar weiterentwickeln möchtest. Einige der längeren Übungen, auf die du vielleicht zurückkommen möchtest, sind folgende:

- Übung 6 – Zeit in der Natur verbringen
- Übung 10 – Kontakt mit einem alten Freund oder einer alten Freundin aufnehmen
- Übung 20 – eigenes Weiterlernen mit dem Enneagramm, MBTI oder einem der Werkzeuge, die auf Seite 145f von *Alles trägt den einen Namen* genannt werden
- Übung 21 – ein Retreat, ein Pilgerweg oder ein Labyrinth

- Übung 24 – eine körperliche Übung deiner Wahl
- Übung 25 – die Spiegel-Übung der Selbst-Liebe
- Übung 28 – eigenes Weiterlernen mit der Suche nach deinem Weg auf der Heldenreise
- Übung 29 – Dialog mit dem gekreuzigten Gott
- Übung 30 – Solidarität mit den Leidenden
- Übung 38 – kontemplatives Sitzens praktizieren

Anmerkungen

1 Laut Mihaly Csikszentmihalyi haben wir die Fähigkeit, bis zu 126 Daten-Bits pro Sekunde bewusst zu verarbeiten (vgl. Mihaly Csikszentmihalyi, Flow: The Psychology of Optimal Experience. HarperCollins, New York 1990, 29). Angesichts der deutlich größeren Datenmengen, die jede Sekunde auf uns eindringen, entscheidet der »Aufmerksamkeitsfilter« aus Neuronen, welche Daten die wichtigsten sind und worauf wir jeden Augenblick neu unsere Aufmerksamkeit richten sollen (Daniel J. Levitin, The Organized Mind: Thinking Straight in the Age of Information Overload. Dutton, New York 2014, 17).

2 Dieses Meta-Modell wurde von Richard Bandler und John Grinder entwickelt (The Structure of Magic. Band 1, A Book About Language and Therapy. Palo Alto, CA, Science and Behavior Books, 1975; deutschsprachige Ausgabe: Die Struktur der Magie. Teil 1: Metasprache und Psychologie. Ein Buch über Sprache und Therapie, Paderborn [12]2011). Es wurde ursprünglich auf die Sprache angewendet, die wir sprechen, und beruht auf den psychotherapeutischen Arbeiten von Virginia Satir, Fritz Perls und Milton Erickson.

3 Richard Rohr, Falling Upward: A Spirituality for the Two Halves of Life. Jossey-Bass, San Francisco 2011, xxi; deutschsprachige Ausgabe: Reifes Leben. Eine spirituelle Reise, Freiburg i.Br. 2015.

4 Albert Ellis' »Rational Emotive Behavior Therapy« (REBT) und Aaron T. Becks »Cognitive Behavior Therapy« (CBT), die aus der REBT entwickelt wurde, beruhen beide auf Aspekten der altgriechischen stoischen Philosophie.

5 In Ryan Holidays Buch »The Obstacle Is the Way: The Timeless Art of Turning Trials into Triumph«. Portfolio/ Penguin, New York 2014 (deutschsprachige Ausgabe: Dein Hindernis ist dein Weg. Mit der Weisheit der alten Stoiker Schwierigkeiten in Chancen verwandeln, München [2]2020) werden die Ursprünge des Stoizismus in der klassischen Antike erläutert und mit Beispielen von Führungspersönlichkeiten wie Steve Jobs in Verbindung gebracht. Dieses Buch war bei Athleten und Trainern der US-amerikanischen Profiliga im American Football sehr beliebt. (Greg Bishop, »How a Book on Stoicism Became Wildly Popular at Every Level of the NFL«, in: Sports Illustrated, 7. Dezember 2015, www.si.com/nfl/2015/12/08/ryan-holiday-nfl-stoicism-book-pete-carroll-bill-belichick).

6 Dieser Titel ist adaptiert aus den Meditationen des römischen Kaisers Marcus Aurelius.

7 »Was ist Kontemplation?«, Center for Action and Contemplation, https://cac.org/about/what-is-contemplation/.

8 Anm. des Übers.: Der Dispensationalismus entstand um 1830 im Kontext der freikirchlichen Brüderbewegung und stellt bis heute eine Schulströmungen der Theologie und Bibelauslegung unter konservativen evangelikalen und fundamentalistischen Protestanten dar.

9 Richard Rohr, Immortal Diamond: The Search for Our True Self. Jossey-Bass, San Francisco 2013, 190; deutschsprachige Ausgabe: Werde, wer du wirklich bist, Freiburg i.Br. 2017.

10 Rohr, Immortal Diamond, 190.

11 Ebd., 191.

12 Ebd., 190.

13 Brené Brown, The Gifts of Imperfection: Let Go of Who You Think You're Supposed to Be and Embrace Who You

Are. Hazelden, Center City, Minnesota 2010, ix; deutschsprachige Ausgabe: Die Gaben der Unvollkommenheit: Lass los, was du glaubst sein zu müssen, und umarme, was du bist. Leben aus vollem Herzen, Bielefeld 2012.

14 Rohr, Immortal Diamond, 191.

15 Zit. nach Richard Rohr, Falling Upward: A Spirituality for the Two Halves of Life. Jossey-Bass, San Francisco 2011, xvii.

16 Zu den Studien vgl. Deb. A. Dana, The Polyvagal Theory in Therapy: Enganging the Rhythm of Regulation. Norton New York 2018, 187.

17 Rohr, Falling Upward, 127–128.

18 Carl G. Jung, Collected Works of C. G. Jung, Volume 7: Two Essays in Analytical Psychology, übersetzt von R.F.C. Hull, Routledge & Kegan Paul London 1953, 197.

19 Rohr, Falling Upward, 128.

20 Ebd., 133.

21 Ebd., 133.

22 Ebd., 133.

23 Carl G. Jung, in: Collected Works of C. G. Jung. Band 7: Two Essays in Analytical Psychology, übers. v. R.F.C. Hull. Routledge & Kegan Paul, London 1953, 197.

24 Mike McHargue, Finding God in the Waves: How I Lost My faith and Found It Again through Science. Convergent, New York 2016, 205.

25 Zitiert nach Brigitte Boothe/Peter Schneider (Hg.), Die Psychoanalyse und ihre Bildung, Zürich 2013, 164.

26 Isabel Briggs Myers mit Peter B. Myers, Gifts Differing: Understanding Personality Type. Consulting Psychologists Press, Palo Alto/CA 1980.

27 Blaise Pascal, Pensées. Librairie de Firmin Didot Frères, Fils et Cie, Paris 1858, 74.

28 Khalil Gibran, Der Prophet, aus dem Englischen von Karin Graf, Düsseldorf 1995.

29 René Descartes, »La Recherche de la Vérité par la Lumière Naturale« (»Die Suche nach der Wahrheit mittels des natürlichen Lichts«), 1647, https://fr.wikisource.org/wiki/Page:Descartes-Oeuvres,éd.AdametTannery,X.djvu/535.

30 Richard Rohr, Adam's Return: The Five Promises of Male Initiation. Crossroads Spring Valley, New York 2004; deutschsprachige Ausgabe: Adams Wiederkehr. Initiation und Männerspiritualität, München 2013.

31 The Cloud of Unknowing and Other Works, übers. v. A.C. Spearing. Penguin, London 2001, Kap. 40; deutsche Ausgabe z.B.: Perowanowitsch, Zoran: Die Wolke des Nichtwissens, Freiburg i.Br. 2021.

32 »National Culture«, Hofstede Insights, https://hi.hofstede-insights.com/national-culture (Übers. B.S.)

33 »National Culture.«

34 Anm. des Übers.: Der alte englische Begriff »to harrow« (»eggen«) hatte ursprünglich die Bedeutung »berauben« oder »etwas ungeschehen machen« – eben so, wie die Bauern ihre Felder mit der Egge einebneten.

35 Der Text dieser Anleitung ist übernommen aus Boland, The Universal Christ: Companion Guide for Individuals, 15–21.

36 Zitiert aus »Crisis Contemplation« des Center for Action and Contemplation vom 11. Juni 2020, https://cac.org/crisis-contemplation-2020-06-11/.

37 Richard Rohr, »Ascending and Descending Religions«, in: The Mendicant 8, no. 3 (Sommer 2018): 1, https://cac.org./wp-content/uploads/2018/08/theMendicant-Vol8No3.pdf

ZITIERTE BÜCHER VON RICHARD ROHR

Adam's Return: Adams Wiederkehr. Initiation und Männerspiritualität, München 2013.

Falling Upward: Reifes Leben. Eine spirituelle Reise, Freiburg i.Br. 2015.

Immortal Diamond: Werde, wer du wirklich bist, Freiburg i.Br. 2017.

Sollte diese Publikation Links auf Webseiten Dritter enthalten, so übernehmen wir für deren Inhalte keine Haftung, da wir uns diese nicht zu eigen machen, sondern lediglich auf deren Stand zum Zeitpunkt der Erstveröffentlichung verweisen.

MIX
Papier aus verantwortungsvollen Quellen
FSC® C014496

Klimaneutral*
Druckprodukt
ClimatePartner.com/14044-1912-1001

Penguin Random House Verlagsgruppe FSC® N001967

Titel der Originalausgabe:
Everything is Sacred: 40 Practices and Reflections on the Universal Christ

Die deutschsprachige Übersetzung wird mit freundlicher Genehmigung von Convergent Books, einem Imprint der Verlagsgruppe Penguin Random House LLC, veröffentlicht.

1. Auflage

Druck und Bindung: GGP Media GmbH, Pößneck
Printed in Germany
ISBN 978-3-579-07462-7
www.gtvh.de